clave

Borja Vilaseca (Barcelona, 1981) está felizmente casado y es padre de una niña y un niño. Trabaja como escritor, divulgador, filósofo, conferenciante, profesor, emprendedor, empresario y creador de proyectos pedagógicos orientados al despertar de la consciencia y el cambio de paradigma de la sociedad.

Es el fundador de Kuestiona, una comunidad educativa que impulsa programas presenciales y online para que otros buscadores e inconformistas puedan desarrollarse en las diferentes áreas y dimensiones de su vida, presente en siete ciudades de tres países. También es el creador de La Akademia, un movimiento ciudadano que promueve de forma gratuita educación emocional y emprendedora para jóvenes de entre dieciocho y veintitrés años, presente en más de cuarenta y cinco ciudades de seis países. Y actualmente está liderando el proyecto Terra, una propuesta de escuela consciente que pretende revolucionar el sistema educativo.

También es uno de los referentes de habla hispana en el ámbito del autoconocimiento, el desarrollo espiritual y la reinvención profesional. Es experto en eneagrama. Desde 2006 ha impartido más de trescientos cursos para más de quince mil personas en diferentes países y desde 2017 ofrece sus seminarios en versión online.

Como escritor, es autor de cuatro libros: *Encantado de conocerme*, *El Principito se pone la corbata*, *El sinsentido común* y *Qué harías si no tuvieras miedo*. Con su pseudónimo, Clay Newman, también ha publicado *El prozac de Séneca* y *Ni felices ni para siempre*. Parte de su obra literaria ha sido traducida y publicada en diecisiete países. Anualmente imparte conferencias en España y Latinoamérica para agitar y despertar la consciencia de la sociedad.

Para más información, visita las páginas web del autor:
www.borjavilaseca.com
www.kuestiona.com
www.laakademia.org
www.terraec.es

También puedes seguirlo en sus redes sociales:
📘 Borja Vilaseca
🐦 @BorjaVilaseca
📷 @borjavilaseca
▶️ Borja Vilaseca
in Borja Vilaseca

BORJA VILASECA

El Principito se pone la corbata

Una fábula para redescubrir
lo que de verdad importa

DEBOLS!LLO

Papel certificado por el Forest Stewardship Council®

Primera edición en Debolsillo: febrero de 2021

© 2010, 2021, Borja Vilaseca
© 2021, Penguin Random House Grupo Editorial, S.A.U.
Travessera de Gràcia, 47-49. 08021 Barcelona
Diseño de cubierta: Penguin Random House Grupo Editorial / Sergi Bautista
© Shutterstock, por la imagen de cubierta

Printed in Spain – Impreso en España

ISBN: 978-84-663-5460-8
Depósito legal: B-19166-2020

Compuesto en Fotocomposición gama, sl
Impreso en Black Print CPI Ibérica
Sant Andreu de la Barca (Barcelona)

P 3 5 4 6 0 8

Índice

A mi padre, Félix,
y a todos aquellos que, como él,
animan y apoyan a sus hijos
a seguir su propio camino en la vida

El mundo entero se aparta cuando ve pasar
a un ser humano que sabe hacia dónde va.

ANTOINE DE SAINT-EXUPÉRY

Nota aclaratoria

Este libro no es una novela. Se trata, más bien, de la narración de una historia basada en hechos y personas reales. Eso sí, cabe decir que la redacción se halla barnizada por una capa de imaginación, respetando así el anonimato deseado por sus protagonistas. Esta ha sido la única petición de las personas que hay detrás de los personajes que figuran en estas páginas, para quienes solamente tengo palabras de admiración y agradecimiento.

El nacimiento de esta obra se produjo en 2007, cuando mi jefe me encargó escribir un reportaje sobre una consultora —con setenta y tres empleados en nómina— que en los cinco años anteriores había experimentado un crecimiento económico espectacular. Después de casi dos décadas de existencia, la dirección introdujo en 2002 una serie de cambios que le llevaron a multiplicar por ciento diez su facturación, alcanzando en 2007 los dieciocho millones de euros.

Como periodista me había especializado en psicología y filosofía organizacional. Mis textos no solían hablar de dinero, sino de seres humanos. Escribía con la finalidad de inspirar la creatividad y el potencial de otros, haciendo de puente entre los expertos y los lectores más ávidos de conocimiento. Por eso al principio no entendí muy bien por qué, de todos mis compañeros, me habían elegido a mí para cubrir esta historia. Pero solo unos minutos después de comenzar la entrevista con el director general de aquella compañía —que poco antes había sido nombrado «mejor directivo del año»— comprendí la decisión tomada por el periódico.

Aquel alto ejecutivo —a quien llamaremos Ignacio Iranzo— llevaba traje y corbata, pero no era como los demás. Hablaba de su trabajo con una pasión contagiosa. De hecho, a día de hoy no recuerdo haber vibrado tanto conversando con alguien sobre temas relacionados con el mundo empresarial. Entre otras cuestiones, reflexionamos sobre la importancia del autoconocimiento, el desarrollo personal y la inteligencia emocional, así como de la necesidad de construir una cultura empresarial de forma consciente, alineando el legítimo afán de lucro de las compañías con el bienestar de sus trabajadores, de sus proveedores, de sus clientes y del medioambiente del que todos formamos parte.

Incluso estuvimos de acuerdo en que la mentalidad materialista y los valores individualistas y mercantilistas que abandera el capitalismo están en decadencia. Para Iranzo, «las empresas son entes vivos y tienen muchos paralelismos con los seres humanos que las crean, las dirigen y las componen». Y, como tal, «es importante que aprendan a ser eficientes, a desarrollarse de forma sostenible y a aportar su granito de arena para mejorar el entorno en el que están presentes». Para lograrlo, «el gran reto es conseguir que cada trabajador crea en lo que hace y disfrute de su función, pues solo así es posible que la existencia de las compañías goce de un sentido más trascendente». Recuerdo que justo antes de despedirnos, este singular directivo me estrechó la mano con fuerza y me susurró: «Me ha llevado muchos años, pero al final he comprendido que las cosas verdaderamente importantes de la vida no podemos verlas con los ojos. Solo podemos sentirlas con el corazón».

En busca de autenticidad e inspiración

A través de aquella entrevista recibí un regalo inesperado: ser testigo de que la autenticidad y la inspiración pueden encontrarse en todas partes, incluso en la cima de las empresas. Al salir de su despacho, después de dos horas y media de conversación, mi corazón rebosaba alegría y entusiasmo. Y en mi mente se había despertado la curiosidad por conocer más en profundidad los pormenores de una historia que me había dejado impresionado.

Desde entonces, seguí la investigación por mi cuenta, interesándome por todos y cada uno de los protagonistas del éxito cosechado por aquella consultora. En el proceso llegué a conocer a su entrañable fundador y presidente de honor —actualmente jubilado y a quien llamaremos Jordi Amorós—, con quien a día de hoy mantengo una relación de amistad. Después de varias visitas a su casa, finalmente obtuve la revelación que andaba buscando.

Por lo visto, el verdadero punto de inflexión de aquella consultora se había producido justo un año antes de que Ignacio Iranzo ocupara el cargo de director general. En palabras del veterano Jordi Amorós: «Lo que somos y hemos hecho ha sido gracias a la influencia de otro hombre, sin duda el más extraordinario que he conocido en toda mi vida. Aunque su foto nunca llegue a verse en un periódico, él es el auténtico protagonista. Todos los demás, incluidos Ignacio y por supuesto yo mismo, somos meros actores secundarios».

Así, la finalidad de este libro es explicar los acontecimientos que llevaron a este héroe anónimo a actuar de la manera en que lo hizo. Y enseñar el profundo cambio que pueden experimentar los seres humanos y, por ende, las organizaciones de las que forman parte, cuando toman consciencia de su verdadero potencial, poniéndolo al servicio de una función útil, creativa y con sentido.

De ahí que, aunque en la forma parezca una novela, insisto: el contenido de esta obra es fruto de un apasionante y exhaustivo trabajo periodístico. A petición expresa de Jordi Amorós, el prólogo y el epílogo están escritos de su puño y letra. Los dos compartimos el amor por la escritura.

El Periodista
6 de abril de 2010

Prólogo: Los cínicos no sirven para este oficio

Aunque pueda parecer lo mismo, hay una enorme diferencia entre existir y estar vivo. Tuve que morir para comprenderlo. Cuatro minutos y treinta y siete segundos. Ese es el tiempo exacto que estuve «clínicamente muerto», tal como me explicó días después el responsable del equipo médico que me resucitó. Entonces tenía cincuenta y siete años y apenas había aprendido nada valioso acerca de mí mismo ni de la vida.

Puedo afirmar con alegría que ese año empecé a vivir de nuevo, gracias al triple *bypass* que me hizo despertar de un profundo sueño. De hecho, hoy se cumplen siete años desde que resucité de entre los muertos. Así que, oficialmente, hoy es mi séptimo aniversario de vida. Es cierto que tengo una generosa barriga, problemas de próstata, dolores de columna y la cara llena de arrugas. Pero la verdad es que me siento más joven que muchos treintañeros que he conocido. Y no es broma. ¡Últimamente la santa de mi mujer me dice que estoy hecho un chaval!

Que yo sepa, no me he vuelto loco. De hecho, nunca me había sentido tan cuerdo. Sin embargo, lo que me dispongo a explicar trasciende la lógica y la razón. Y es muy difícil, por no decir imposible, de demostrar científicamente. Lo más interesante que he leído sobre el tema lo escribieron la doctora Elizabeth Kübler-Ross y el profesor Kenneth Ring. Estos dos expertos investigaron sobre qué les suele ocurrir a las personas cuando se encuentran cara a cara con la muerte. Sus conclusiones vienen a decir más o menos lo mismo: que la mayoría de los que sobreviven reconectan con el asombro y la magia que implica estar vivo, empezando a vivir de verdad.

A menos que alguien lo haya experimentado en su propia carne, estoy convencido de que muy pocos van a creerme. Pero ya no me importa. Ahora sé quién soy. Me he pasado demasiados años intentando amoldarme a lo que la sociedad esperaba de mí. Y de tanto llevar una máscara puesta, terminé por olvidarme de quién era antes de ponérmela. Pero desde que cultivo mi propia autoestima estoy redescubriéndome. Estoy empezando a comprender qué significa eso de ser uno mismo. Ya no soy esclavo de lo que piensa la gente. Me he liberado de la obsesión por gustar a los demás, de la necesidad de darles motivos para que me aplaudan. Ahora tan solo rindo cuentas a la persona que veo cada mañana cuando me miro en el espejo.

Aquella experiencia cercana a la muerte fue todo un viaje al más allá. Sé que sonará a tópico, pero vi la luz. ¡Me iluminó! Y eso que no soy budista, ni mucho menos religioso. Por aquel entonces era católico no practicante. O, mejor dicho, agnóstico apático, sin demasiadas ganas de reflexionar sobre nada que no pudiera ver con mis ojos ni tocar con mis manos.

Existencialmente hablando, era tan perezoso que jamás cuestioné mi condicionamiento sociocultural. Y al dar por válidas todas las creencias que me fueron impuestas durante la infancia, me había convertido en una oveja que no necesitaba pastor. No me avergüenza reconocer que seguía al rebaño por inseguridad, comodidad e inercia. Era un cobarde disfrazado de triunfador. Solamente ahora me doy cuenta de que prefería engañarme a mí mismo que enfrentarme a mis miedos, carencias e inseguridades.

El Dios del dinero

Confieso que el único Dios al que conocía y adoraba era el dinero. Año tras año le rezaba para poder mejorar la cantidad y la calidad de mis compras. Como un hámster enjaulado, no paraba de dar vueltas en una misma rueda. Producía, consumía y me evadía de la insatisfacción que me ocasionaba el contacto con la realidad. Buscaba placer a corto plazo para no encontrarme con el dolor acumulado durante toda la vida. Y lo más gracioso es que a esta obsesiva narcotización la llamaba «diversión». Pero lo triste es que, de tanto mirar hacia otro lado, por el camino me perdí a mí mismo.

Es innegable que el paso del tiempo me ha permitido ver las cosas con más objetividad y perspectiva. Todavía no he comprendido cómo pude ser tan iluso. Me creí eso de que saciar los deseos nos conduce a la felicidad. Y no solo me lo creí, ¡sino que lo convertí en mi estilo de vida! De ahí que tan solo me ocupara de mí mismo y de mi familia. Bueno, y ni siquiera esto último es del todo cierto. Apenas veía a mi mujer y a mis tres hijos. Materialmente siempre han disfrutado de la abundancia; pero por lo que respecta al cariño y al afecto, seguramente han padecido varias décadas de escasez, malviviendo por debajo del umbral de la pobreza. De tanto en tanto, cuando me siento vulnerable y me pongo tierno, todavía les pido perdón por haber estado ausente durante tantos años. Y me emociono cada vez que me abrazan y me recuerdan que eso ya no importa, que lo principal es que estoy con ellos ahora.

Pero volvamos a mi experiencia cercana a la muerte. (De lo otro ya hablaremos más adelante.) Tumbado sobre la cama de la unidad de cuidados intensivos, totalmente inconsciente, sentí por primera vez en mi vida algo parecido a la paz, el bienestar y la plenitud. En ese estado de silencio y quietud, tuve la sensación de no formar parte de mi cuerpo. De hecho, empecé a verme a mí mismo en tercera persona, observándome desde varios metros por encima. Pude seguir con mis propios ojos cómo los médicos y las enfermeras trataban de salvarme la vida. Y la verdad es que aquel equipo de profesionales parecía más interesado que yo en conseguirlo.

Fue entonces cuando me invadió una inquietante oscuridad con forma de túnel. Y siento defraudar a los más escépticos, pero sí, a lo lejos apareció una tímida luz resplandeciente. Recuerdo que era blanquecina, con matices dorados. A medida que iba acercándome, empecé a sentir cómo el amor colmaba todo mi ser. Y he aquí otro cliché: mi vida entera pasó por delante de mí. Fue una selección de los momentos más representativos de mi existencia. No los mejores, sino los más importantes. De hecho, recordé mis experiencias de mayor adversidad y sufrimiento. Y me di cuenta de que no las había valorado como se merecían. Durante aquella regresión tomé consciencia de que tenían una función muy específica: hacerme evolucionar y madurar como ser humano.

Justo después, escuché cómo una extraña y lejana voz me susurraba: «Confía en lo que no puedes ver y empezarás a sentirlo... Comprométete con eso que sientas y conseguirás verlo de verdad». No sé cuánto tiempo estuve en trance. Pero al volver a encarnar mi cuerpo, regresó el dolor y, con él, la lucidez y la comprensión. Días más tarde, mi mujer me comentó, todavía asombrada, que tras salir del coma mi mirada desprendía un brillo especial. Fue como si hubiera renacido. ¡Qué diablos! ¡Había vuelto a nacer! Lo cierto es que nunca más he vuelto a ser el mismo.

MORIR PARA RENACER

Nada más abrir los ojos me di cuenta de que mi labor en esta vida todavía no había comenzado. Fui plenamente consciente de lo que no había sido y de lo que podía llegar a ser, de lo que no había hecho y de lo que podía llegar a hacer. En presencia de dos enfermeras, empecé a llorar como un bebé. Y mis lágrimas terminaron de disolver la venda invisible que cubría mis ojos: tanto en el ámbito personal, familiar, como en el profesional, exigía, pero no daba; quería, pero no amaba. Por eso me sentía tan insatisfecho, vacío y desconectado.

Al poco de resucitar, tuve la certeza de que mi existencia tenía un propósito determinado. Sentí cómo mi corazón bombeaba sangre hasta mi cabeza, donde me asaltaron tres preguntas: «¿Quién soy?», «¿Para qué sirvo?» y «¿De qué manera mi vida puede impactar positivamente en los demás?». Sin saber todavía qué responder, di gracias por disponer de una segunda oportunidad para descubrirlo y empezar a ser coherente con lo descubierto. Y, al hacerlo, me sentí entusiasmado. Tenía ganas de volver a jugar como cuando era un niño. Pero esta vez el juego iba a desplegarse con responsabilidad y plena consciencia. Al menos para mí, este es el significado de la auténtica madurez.

Muchos piensan que este «despertar» es un sueño, una fantasía o una ilusión creada por la imaginación. Y entiendo las motivaciones que hay detrás de estos pensamientos. Yo también soy un escéptico; no me creo nada. Lo único que ha cambiado en mí es que estoy más abierto, y reconozco humildemente que solo puede comprenderse aquello que se ha experimentado. Además, la arrogancia de creer que lo sabemos todo nos impide seguir creciendo y evolucionando. No pretendo jugar con las palabras, pero ahora sé que no sé nada. Me he convertido en un eterno aprendiz. No hay mejor escuela que la propia vida. Y no hay mayor oficio que el de aprender a vivir.

La única certeza que tengo es que lo que acabo de contar ha sido lo más transformador que ha ocurrido en toda mi existencia. De ahí que me atreva a compartirlo con quien esté dispuesto a leer con una mente limpia, sin prejuicios y limitaciones de ningún tipo. Desde que volví a nacer, me he curado de esa enfermedad llamada cinismo. Estoy dejando de exigir y empezando a dar. Ya no pierdo tiempo ni energía en hacer que me quieran. Ahora estoy totalmente comprometido con amar. Y hoy, en mi séptimo cumpleaños, puedo afirmar que me siento plenamente humano. Sin duda alguna, esta ha sido mi mayor victoria. Parafraseando al poeta y filósofo Rabindranath Tagore, al fin he comprendido que «quien no vive para servir no sirve para vivir».

El Presidente
8 de agosto de 2009

I. Dime cómo lideras y te diré quién eres

Lunes, 30 de septiembre de 2002

Pablo Príncipe empezó a reírse solo. Después de quince minutos delante del espejo, decidió que ya era suficiente. No es que fuera un hombre presumido. Simplemente no sabía hacerse el nudo de la corbata. La dobló con delicadeza y se la guardó en el bolsillo. Era roja, la única que tenía.

—Hoy va a ser un gran día.

Sonrió, mirándose fijamente a los ojos. No importaba con qué humor se levantara. Cada mañana se repetía lo mismo. Era uno de sus rituales cotidianos.

Antes de salir de casa, abrió el ventanal de su dormitorio y se asomó al diminuto balcón, donde vivía su silenciosa compañera de piso.

—Aquí tienes tu desayuno —le susurró.

Y mientras regaba la única rosa que había florecido en su rosal, añadió:

—¡Qué guapa te estás poniendo!

Montado en su bicicleta, Pablo llegó a la sede de la consultora de sistemas avanzados en tecnología SAT. Al bajar, se planchó la americana con las manos, se peinó un poco sus alborotados rizos dorados y caminó con paso firme hacia la entrada del edificio.

—Buenos días. ¿Qué tal va la mañana?

—¿Le basta con un «bien» o quiere que le cuente? —gruñó el veterano conserje, enfundado en un elegante traje.

—Por favor, no me hables de usted. Podría ser tu hijo.

—Y yo tu padre. Así que no me faltes al respeto —exigió, desafiante.

—Tiene razón. Perdone si le he ofendido.

El conserje respiró hondo unos segundos y, relajando la expresión de su rostro, murmuró:

—Ya veré si le perdono —bromeó muy serio, rascándose la papada—. El veredicto lo tendrá cuando termine su entrevista de trabajo.

—¿Cómo sabe que...?

—Porque esta mañana la portería parece un desfile de tiburones, todos vestidos iguales. Andan con prisa, como si hoy fuera a terminarse el mundo. Y encima van con ese aire altivo... ¡Serán vanidosos! —El conserje empezó a encenderse y añadió con vehemencia—: ¡Panda de maleducados! ¿Qué les costará dar los buenos días?

Pablo soltó una gran carcajada, que el conserje no acabó de encajar del todo bien. Era una de esas personas que apreciaban que los demás se tomaran en serio sus desgracias. Tras una breve pausa, el conserje cogió aire y trató de calmarse un poco.

—En fin —dijo—, mi intuición me dice que usted es diferente.

Pablo sonrió.

—Usted es el único que no lleva corbata.

«Y el único que se ha dignado dirigirme la palabra», pensó.

—Hablando de corbatas... ¿Cómo se llama usted?

—¿Yo? Bernardo Marín —respondió tímidamente.

Pablo le ofreció la mano y se presentó.

—Encantado de conocerle, Bernardo. ¿Le puedo pedir un favor?

—¿A mí? No sé... —dudó, esforzándose por no desvelar su curiosidad.

—Me preguntaba si sería tan amable de hacerme el nudo de la corbata.

El conserje empezó a reírse, sacándole el polvo a su oxidado buen humor.

—¡Por supuesto, chaval! ¡Tráela para aquí! —le pidió, bastante más animado—. ¿Sabes? Aunque llegas un poco tarde, este viejo zorro intuye que el puesto va a ser tuyo.

***

Tal como Bernardo Marín le había informado, la recepción de la consultora SAT estaba invadida por trajes y corbatas negras y grises. Aunque se trataba de una sala pequeña, todos los presentes aguardaban su turno en silencio. Nadie hablaba con nadie, pero sus miradas eran bastante elocuentes: los candidatos estaban compitiendo por un mismo puesto de trabajo.

—¿Existe alguna posibilidad de que deje de gritarme? —refunfuñó la joven y atractiva recepcionista nada más ver a Pablo, que permaneció inmóvil y sonriente delante del mostrador—. Bufff... ¿Por qué me obliga a ser tan borde? —insistió la recepcionista, enseñándole a Pablo el auricular telefónico colgado de su oreja—. ¡Le he dicho tres veces que el señor Amorós lleva toda la mañana supervisando un proceso de selección! Ya sé que es urgente, pero no le queda más remedio que esperar a que él le llame...

Tras asentir más de diez veces con la cabeza, interrumpió a su interlocutor para poner súbitamente fin a la conversación:

—¡Sí, sí, sí, lo que usted diga! ¡Muchísimas gracias por su paciencia y que pase un buen día! —colgó molesta la recepcionista, sacándose con brusquedad el auricular de su oreja—. ¡No soporto que me griten! —exclamó, convirtiéndose por unos segundos en el centro de atención de aquella sala de espera—. ¡Qué pesados pueden llegar a ser algunos! ¡Vaya mañanita llevo!

Pablo buscó sus ojos con ternura.

—Te entiendo perfectamente —dijo con expresión pícara—. Para gritos, los que pegaba mi antiguo jefe. Era todo un experto en sacar lo peor de los demás. De su boca no salían palabras, sino veneno... En la oficina lo llamábamos Señor Cianuro.

Los dos rieron de manera cómplice.

—Veo que sabes a lo que me refiero —coqueteó la recepcionista, algo más tranquila—. ¿Por qué la gente tiene que ser tan desagradable?

—Tal vez sea porque no saben hacerlo mejor —contestó Pablo—. Todavía no he conocido a nadie a quien le guste ser desagradable.

Tras presentarse, Pablo Príncipe se quedó de pie, charlando con Verónica Serra, la recepcionista. Tan solo necesitó un par de minutos para que su mal humor se evaporara. Y esta, agradecida, compartió con él los pormenores de la entrevista que estaba a punto de realizar. Al parecer, el responsable de seleccionar al personal era el director de operaciones Ignacio Iranzo. Pero llevaba dos semanas sin aparecer por su despacho. Era la primera vez en trece años que faltaba más de dos días seguidos al trabajo.

—Ninguno de mis compañeros me ha sabido decir por qué... —La recepcionista se acercó un poco más a Pablo y le susurró al oído—: Conociéndolo, algo muy gordo tiene que haberle pasado. Se rumorea que está de baja por depresión. Por eso nuestro presidente, el señor Amorós, está encargándose personalmente de entrevistar a los candidatos.

Pablo escuchaba atentamente, lo que animó a Verónica Serra a seguir chismorreando.

—Esto no lo comentes, pero hace menos de dos meses que operaron al señor Amorós de un triple *bypass*. Casi se nos muere —le confesó la recepcionista—. Y desde que salió del hospital todos estamos de acuerdo en que está muy raro. Pero raro, raro de verdad...

Al abrirse la puerta del despacho de Jordi Amorós, Verónica irguió la espalda e hizo como si no estuviera hablando de nada importante. Mientras uno de los candidatos se despedía cabizbajo, el telefonillo de la recepción empezó a sonar. Era el presidente.

—Creo que por fin lo hemos encontrado, señor Amorós —afirmó Verónica, con dulzura. Y tras asentir varias veces, miró de reojo a Pablo y puso fin a la conversación—. De acuerdo, ahora mismo le hago pasar.

Contra todo pronóstico y entre miradas de irritación de los otros candidatos, Pablo fue el siguiente en entrar.

***

Sentados frente a frente, Jordi Amorós se acariciaba la brillante calva, observando al nuevo candidato como si pudiera diseccionarlo con la mirada.

—No sé si se ha dado cuenta, señor Príncipe, pero le ha causado una muy buena impresión a nuestra encantadora recepcionista —reconoció el presidente.

—Por favor, llámeme Pablo. El señor Príncipe sigue siendo mi padre.

Jordi Amorós hizo un amago de sonrisa, pero enseguida recuperó la compostura.

—Está bien, tuteémonos... Te comento lo de Verónica porque esta chica tiene buen ojo para detectar personas con talento... Si te soy sincero, llevo tres horas y media escuchando a gente que tiene una gran habilidad para hablar sin decir nada. En total, unos veinticinco candidatos. Y créeme, ahí mismo, donde estás sentado, he visto ambición, codicia, vanidad, prepotencia... ¡Vaya, que me he visto a mí mismo cuando era mozo! En fin, te lo cuento porque ya no estoy interesado en las virtudes de siempre —añadió con ironía—. Últimamente estoy buscando algo diferente. Busco talento de verdad. Busco autenticidad. —El presidente miró hacia el techo de su despacho y apostilló—: ¿Es eso mucho pedir?

Seguidamente cogió lo que parecía ser el currículum de Pablo Príncipe y prosiguió:

—En fin, aquí dice que tienes treinta años y que trabajaste en el departamento de recursos humanos de una gran consultora. —El presidente siguió leyendo y se detuvo en un punto que le hizo arquear las cejas—. Un momento. No puede ser. ¿Llevas más de tres años sin pisar una oficina? ¿Es eso cierto?

—Sí, tan cierto como que mi compañera de piso es una rosa, mis mejores amigos son los libros y mi mayor pasatiempo es mirar las estrellas —contestó Pablo, esbozando una inocente sonrisa que desarmó al presidente.

Jordi Amorós, perplejo, frunció el ceño y carraspeó:

—¿Una rosa dices?

—Así es. Es una rosa realmente preciosa. —Pablo Príncipe se palpó la americana y añadió—: Creo que tengo una foto por aquí...

Aquel comentario hizo que el presidente empezara a rascarse la nariz sin que esta le picara. Tras inhalar y exhalar con nerviosismo, respondió con dureza:

—No, hombre, no. No hace falta que me la enseñes, ya me la puedo imaginar. Todas las rosas son iguales...

—Lo cierto es que todas son diferentes. Todo depende de con qué ojos las mires.

—Bueno, bueno, no voy a perder el tiempo discutiendo contigo sobre rosas... —Jordi Amorós se recolocó en su silla y retomó la entrevista, con un tono de voz bastante más distante—: ¿Me podrías decir qué demonios has estado haciendo estos últimos tres años?

—He estado viajando.

—¿Viajando?

—Sí, por todo el mundo, trabajando en lo que me iba saliendo para costearme el viaje.

—¿Y cómo es que decidiste dejarlo todo e irte sin más?

—No fue difícil. Cuando trabajaba en aquella consultora era una persona muy infeliz porque no sabía quién era ni qué quería hacer con mi vida. Y dado que no tenía nada que perder, me fui de viaje con el propósito de averiguarlo. Finalmente lo he encontrado. Y por eso estoy ahora mismo aquí, delante de ti. Porque este es justo el sitio donde siento que debo estar. Y el trabajo que ofreces es precisamente el que me encantaría realizar. Y ya que me permites hablar con franqueza, no creo en las casualidades, sino en las causalidades. Hace menos de un mes que regresé de Madagascar, y anteayer fue el primer día que compré el periódico para echar un vistazo a las ofertas de empleo. Nada más ver tu propuesta supe que era el trabajo que estaba buscando.

—Curiosa historia la tuya —apuntó el presidente—. Madagascar parece un lugar lejano, pobre y poco desarrollado. ¿Me equivoco?

—Depende de lo que para ti signifique «desarrollado». Creo que en algunos aspectos tenemos mucho que aprender del pueblo malgache. Allí todavía siguen en contacto con la naturaleza, y muy pocos entienden cómo alguien que tiene un techo y comida caliente puede sentirse deprimido.

En la mente de Jordi Amorós apareció el rostro ceniciento del director de operaciones Ignacio Iranzo.

—*Touché.* —Sonrió el presidente, que volvió la mirada hacia el currículum—. Bien, pasemos a otro tema. Hasta ahora eres el único candidato que no cuenta con un MBA... ¿Qué tienes que decir al respecto?

—Pues que este tipo de programas formativos son muy caros —apuntó—. Y, además, lo que me interesa aprender todavía no lo enseñan en las escuelas de negocio.

—¿Como por ejemplo?

Pablo Príncipe no lo dudó ni un instante.

—Como conocerme a mí mismo para ser feliz y servir a los demás a través de una función profesional que genere riqueza real para la sociedad.

Jordi Amorós lo miró con seriedad, respiró hondo y añadió:

—Según veo en tu currículum, esto es lo que debes de haber aprendido viajando solo por el mundo... No te ofendas, pero es la primera vez que entrevisto a alguien que valora tanto la formación autodidacta. —El presidente se acarició la calva, dejó el currículum sobre la mesa y continuó—: Bueno, Pablo, si te soy sincero, en otro momento de mi vida ni siquiera habríamos continuado esta conversación. Seguramente... No, con certeza te hubiera echado de mi despacho. Pero ¿sabes qué? Hace muy poco me he dado cuenta de que estamos construyendo un sistema que deja de lado las verdaderas necesidades de las personas... ¡Y encima tenemos las narices de llamarlo «estado del bienestar»!

Pablo Príncipe se encogió de hombros y permaneció en silencio.

—En fin, Pablo, volviendo a lo nuestro. ¿Qué te hace creer que eres el candidato ideal para el puesto de trabajo que ofrecemos en nuestra consultora?

—La verdad es que no sé si soy el candidato ideal. Para saberlo tendría que conocer más a fondo el perfil de la persona que estás buscando... De hecho, Jordi, me gustaría saber si estás realmente comprometido con el cambio que pretendéis impulsar en vuestra consultora —preguntó. Y lo hizo mirando directamente a los ojos de Jordi Amorós.

—¿Cómo dices? —saltó el presidente.

Y Pablo, que jamás renunciaba a una pregunta una vez la había formulado, le repitió:

—¿Estás verdaderamente comprometido con el cambio que pretendéis impulsar en vuestra consultora?

—Bueno, sí... Siento que necesitamos cambiar algunas cosas.

—¿Te puedo hacer un par de preguntas más?

—Eh... Cómo no. Dispara.

—¿Crees en el potencial de las personas?

Jordi Amorós volvió a rascarse la nariz. Y en esta ocasión tampoco le picaba.

—Si creo en el... Claro, por supuesto.

—¿Y en la humanización de las organizaciones?

—¿A qué te refieres exactamente, Pablo? —se excusó el presidente, acariciándose la barbilla.

—Me refiero a crear las mejores condiciones laborales posibles para que las empresas cumplan sus objetivos respetando y promoviendo el bienestar de todos sus colaboradores.

Jordi Amorós asintió con la cabeza, y con la boca pequeña contestó:

—En ese caso, supongo que sí.

—¿Y serías capaz de delegar este proceso de cambio en la persona que contrates?

El presidente se recolocó de nuevo en su silla, se pasó la mano por encima de la calva y volvió a suspirar.

—Bueno, primero tendría que... Vamos a ver... —No sabía qué ni cómo contestarle.

—Lo digo porque los cambios implican renuncias y, una vez se ponen en marcha, ya no hay vuelta atrás. Es una simple cuestión de fe.

—¿Fe?

—Por fe me refiero a confiar en lo nuevo, a tener el coraje de aventurarse hacia lo desconocido...

Al escuchar estas palabras, el cuerpo de Jordi Amorós empezó a estremecerse.

De pronto, el presidente recordó la extraña y lejana voz que había escuchado durante su experiencia cercana a la muerte: «Confía en lo que no puedes ver y empezarás a sentirlo... Comprométete con eso que sientas y conseguirás verlo de verdad». Jordi volvió su mirada hacia el currículum de Pablo y retomó las riendas de la entrevista.

—En el hipotético caso de que te contratase, Pablo, ¿qué podrías aportar a esta consultora?

—Básicamente tres cosas. En primer lugar, haría una radiografía para ver cuál es el estado general de la compañía, así como de la satisfacción de las personas que forman parte de la misma. Después, trabajaría para poner lo esencial en el centro de la estrategia empresarial, introduciendo nuevas medidas y políticas encaminadas a mejorar las condiciones laborales. Y, finalmente, apostaría por promover el autoconocimiento y el desarrollo personal de los empleados mediante cursos de educación emocional. Que lo consiga o no depende de si crees en lo que te estoy diciendo.

El presidente sacó de su bolsillo un pañuelo rosa y se lo pasó suavemente por la cara, tapándose la nariz y la boca. Respiró con todas sus fuerzas varias veces y respondió:

—Eh... Bueno... Sí, no me suena mal del todo...

Pablo Príncipe, que decía las cosas tal como las pensaba, añadió:

—¿Crees que podrías confiar en mí para llevar a cabo este proyecto?

Y Jordi Amorós, que no estaba acostumbrado a tanta franqueza, respondió:

—Esto... Vamos a ver... No sé, supongo que necesitaría más tiempo...

—¿Confías en tus colaboradores?

—A ver, no es fácil. Como sabes, hay de todo en la viña del Señor.

—No sé si estarás de acuerdo conmigo, pero sé que sin confianza no es posible arriesgar. Y sin riesgo uno está condenado a hacer lo mismo de siempre, a quedarse en el mismo lugar donde está, ¿no te parece?

El presidente empezó a sentirse incómodo. El interés que sentía al principio de la entrevista se había desvanecido. La duda había invadido su mente. El miedo, la inseguridad y la desconfianza luchaban por apoderarse del control. Eran sus enemigos de siempre, los que durante cincuenta y siete años le habían hecho resistirse al cambio, desconectándolo de la confianza y el coraje que anidaban en su corazón.

—Y dime, Pablo, ¿qué experiencia atesoras en el campo de los recursos humanos en general y en el de los cambios de condiciones laborales en particular? —preguntó el presidente, muy serio. Por unos momentos, volvió a ser el frío y distante hombre de negocios que había impulsado la consultora SAT dos décadas atrás.

—Experiencia poca, pero vengo cargado de entusiasmo y compromiso.

Era la respuesta que el presidente estaba esperando para encontrar la justificación que necesitaba.

—Lo siento mucho, Pablo, pero la verdad es que no eres lo que estamos buscando —mintió.

Los dos se quedaron en silencio unos segundos, que resultaron muy incómodos para el presidente.

—Muchas gracias por tu tiempo, Jordi —se despidió Pablo Príncipe, estrechándole la mano.

—De nada, ha sido... interesante conocerte. Eres un tipo curioso. Te deseo mucha suerte.

—¿Puedo hacerte una última pregunta?

Mirando hacia otro lado, Jordi Amorós suspiró e hizo un ademán de consentimiento. Y con pasmosa tranquilidad, Pablo Príncipe añadió:

—¿Qué harías si no tuvieras miedo?

De pronto volvió a escucharse el silencio. Por unos instantes, el presidente se refugió en su mente. Se estaba imaginando a sí mismo pulsando un botón rojo situado debajo de su escritorio, que provocaba que dos vigilantes de seguridad con gafas de sol y traje oscuro sacaran a Pablo Príncipe de su despacho. Sin embargo, nada de eso sucedió. Y Pablo, que jamás renunciaba a una pregunta importante, volvió a la carga:

—Dime, Jordi, ¿qué harías si no tuvieras miedo?

—No sé de qué me estás hablando, Pablo —respondió el presidente, sin poder mirarle a los ojos.

—Según leí en la oferta de empleo que publicaste en el periódico —dijo al cabo—, supongo que estás de acuerdo en que lo que más necesita tu consultora es un cambio de paradigma en la manera de liderar a las personas que trabajan aquí.

El presidente frunció el ceño, desorientado. Se secó el sudor de la frente con su pañuelo rosa y preguntó:

—¿Cambio de qué?

—Me refiero a cambiar la manera en la que se piensan, dicen y hacen las cosas en esta consultora. Puede sonar descabellado, pero lo que te propongo es un cambio radical en la manera de vivir la compañía. ¿No es eso lo que buscas?

—¿Radical, dices? Ufff... No, no... Bueno, no sé... Tal

vez, pero ahora mismo no creo que sea el momento adecuado. —En las axilas de Jordi Amorós se dibujaban dos manchas oscuras, que lentamente iban expandiéndose por su camisa.

Pablo Príncipe se levantó de la silla y abrió la puerta del despacho. Echó un rápido vistazo al resto de candidatos y se dio la vuelta para mirar por última vez al presidente.

—Espero que encuentres ahí fuera lo que buscas.

El presidente no respondió. Se quedó sentado en su sillón, poniéndose las manos sobre la cabeza.

***

Al salir del despacho de Jordi Amorós se encontró de nuevo con Verónica Serra, que colgó repentinamente el teléfono.

—¿Qué tal te ha ido, Pablo? ¿Te quedas con nosotros?

Pablo Príncipe la miró con ternura y sonrió, provocando una coqueta sonrisa en el rostro de la recepcionista.

—Parece que no soy lo que tu jefe necesita.

Verónica dejó caer sus hombros y suspiró, algo cabizbaja.

—Si por mí fuera, ya estarías contratado. Lo siento mucho.

—No lo sientas, es lo que tenía que ser. Espero que pases un buen día.

Nada más despedirse, bajó las escaleras y se cruzó con Bernardo Marín.

—¿Qué? ¿Soy un viejo zorro o no soy un viejo zorro?

Pablo Príncipe negó con la cabeza, se quitó la corbata y la volvió a guardar en su bolsillo.

—¡Malditos tiburones! —El conserje volvía a estar enfadado—. ¿Por qué siempre tenemos que perder los buenos?

De pronto Jordi Amorós irrumpió en la portería.

—¡Pablo! ¡Espera un momento! —dijo—. El de antes no era yo..., sino mi viejo yo. Y ya no quiero seguir siendo como era. He tomado una decisión. ¿Quieres quedarte con nosotros?

—Por supuesto —respondió—. Si quieres empiezo mañana mismo.

El presidente y Pablo Príncipe firmaron su acuerdo estrechándose la mano.

—Enhorabuena. Eres nuestro primer director de recursos humanos.

—Muchas gracias, Jordi. Ya tengo ganas de revolucionar tu empresa. Además, tengo el presentimiento de que nos lo vamos a pasar en grande.

«¿Revolucionar la empresa? —repitió para sus adentros el presidente—. ¿Pasárnoslo en grande?» Pero enseguida se rio de sí mismo, de su viejo yo.

—Por cierto —concluyó Pablo Príncipe—, lo primero que me gustaría hacer es cambiar el nombre de mi cargo. Si te parece bien, a partir de hoy lo llamaremos «responsable de personas y valores de la organización».

—No sé a usted, señor Amorós, pero a mí me suena estupendamente —afirmó Bernardo Marín.

II. Algunos jefes son muy malos para la salud

Lunes, 14 de octubre de 2002

Nada más concluir la conversación, Verónica Serra se arrancó el auricular telefónico, lo tiró sobre su mesa y empezó a correr hacia la Sala de Máquinas. Así es como Jordi Amorós había bautizado, años atrás, el lugar en el que trabajaban los treinta y ocho compañeros de la recepcionista. Cada uno ocupaba un cubículo individual, creado con paredes de plástico grises de un metro y setenta centímetros de altura. Aquel lugar era casi como su hogar: trabajaban de nueve de la mañana a nueve de la noche, con dos horas para comer. Es decir, diez horas al día de lunes a viernes, incluyendo algún que otro fin de semana para cubrir las denominadas «puntas de trabajo». En la consultora SAT apenas quedaban huecos para realizar horas extra. Llegado el caso, tampoco se hubieran remunerado.

La Sala de Máquinas era un espacio sin luz natural y con poca ventilación. Al principio costaba adaptarse. De hecho, los cactus eran las únicas plantas que parecían haber sobrevivido con el paso de los años, aunque nadie podía afirmar con certeza que siguieran vivos. Desde arriba, aquel lugar parecía un laberinto. Para verse las caras, los trabajadores tenían que ponerse de pie. A los empleados más bajos, por su parte, no les quedaba más remedio que alzarse de puntillas o subirse encima de sus sillas. De ahí que la comunicación se realizara mayoritariamente por teléfono.

El único despacho de la Sala de Máquinas era el del director de operaciones Ignacio Iranzo, al que se accedía a través de una escalera de caracol. Estaba situado a cuatro metros del suelo, desde donde podía observar al resto de empleados. Su puerta estaba siempre cerrada.

—¡Por favor, prestadme atención! —gritó Verónica Serra nada más entrar—. ¡Hoy vuelve Ignacio!

Durante unos segundos, todo el mundo dejó de hacer lo que estaba haciendo, produciéndose un gran silencio. Poco a poco, los empleados fueron saliendo de sus cubículos; se juntaron en pequeños grupos y empezaron a comentar la noticia. Los consultores con los consultores. Los de marketing con los de marketing. Los de finanzas con los de finanzas. Los de informática con los de informática... El corazón de la consultora SAT llevaba años dividido, y nadie parecía querer dar el primer paso para unificarlo.

En el corrillo formado por los consultores saltaban chispas. Faltaban menos de cinco horas para que comenzara la presentación de un nuevo servicio, especialmente diseñado para el cliente más importante de la empresa. De ahí que todos los ojos estuvieran puestos en Manuela Marigorta y Alicia Oromí, encargadas de elaborar el *power point* y el informe correspondiente.

—¿Cómo lo lleváis? —preguntó uno de los consultores.

—¿Habéis ensayado la presentación de esta tarde? —añadió otro.

—¡Decidnos que vais a hacerlo todo perfecto! —exigió un tercero.

Manuela Marigorta empezó a rascarse la oreja con su mano derecha mientras miraba por el rabillo del ojo el reloj de su mano izquierda. Seguidamente se quitó las gafas y empezó a limpiarlas con delicadeza. Intentaba ganar algunos segundos, esperando que su compañera tomara las riendas de la conversación. Sin embargo, Alicia Oromí se había escondido en los lavabos de la Sala de Máquinas. Sentada sobre la taza del váter, rezaba para que nadie se acordara de ella.

—Todo está bajo control —dijo al rato Manuela Marigorta, cruzándose de brazos y desviando la mirada hacia el suelo—. Bueno, casi todo... Pero creo que ha quedado bastante bien... —El grupo empezó a presionarla con gestos de incredulidad—. Bueno, no sé... —Echó un vistazo a su alrededor y preguntó desesperada—: ¿Dónde se ha metido Alicia?

En el resto de corrillos sucedía más o menos lo mismo. Los empleados se echaban la culpa unos a otros, eludiendo cualquier tipo de responsabilidad. Sus relaciones laborales se regían según la ley de la selva; en la Sala de Máquinas se producía diariamente la lucha por la supervivencia. Competían para no convertirse en presas del único depredador vestido con traje y corbata: Ignacio Iranzo. Tras un mes de baja, estaba a punto de volver a poner sus zarpas sobre la oficina. Si bien el presidente les había confirmado que a nivel personal acababa de pasar por un momento difícil, no supo explicarles exactamente de qué se trataba. Como director de operaciones, Ignacio Iranzo no dudaba en decirles a los demás lo que pensaba. Pero como ser humano era incapaz de expresar lo que sentía.

**

Bernardo Marín estaba barriendo el suelo de la portería cuando vio entrar a un hombre corpulento y barrigón, de unos treinta y siete años.

—Buenos días, señor Iranzo. —Sonrió el conserje, sorprendido—. ¡Cuánto tiempo sin verle! ¿Cómo está usted?

Sin ni siquiera mirarlo, Ignacio Iranzo estiró su brazo con la palma abierta hacia Bernardo Marín:

—Ahora no, Bernardo —le espetó—. No tengo tiempo para banalidades. Me espera un día de mucho trabajo.

El conserje apoyó sus manos sobre la escoba y suspiró. «¡Maldito tiburón desalmado! —gimió en su fuero interno—. ¿Qué le costará darme los buenos días?»

Verónica Serra llevaba diez minutos ensayando una agradable acogida de bienvenida cuando vio pasar como un rayo a Ignacio, quien se limitó a hacerle un gesto con la mano sin ni siquiera brindarle la oportunidad de devolverle el saludo de cortesía. Atónita, empezó a negar con la cabeza en silencio, frunciendo con rabia el entrecejo.

En la Sala de Máquinas los empleados parecían estar muy concentrados en la pantalla de sus respectivos ordenadores. Pero tan solo disimulaban. En realidad, todos estaban pendientes de su jefe directo, que caminaba con paso firme hacia su despacho. Apoyado delante de su puerta, Ignacio Iranzo se encendió un cigarrillo y expulsó el humo con violencia. Por suerte para él y por desgracia para sus pulmones, todavía no había ninguna ley que prohibiera fumar en la oficina.

—Hola a todos. Espero que hayáis disfrutado de vuestras «vacaciones» —dijo con sarcasmo. Y tras darle otra honda calada a su cigarro, añadió—: ¡Manuela! ¡Alicia! ¡Venid a mi despacho ahora mismo!

Salvo las dos aludidas, todos los demás soltaron un largo y sostenido suspiro de alivio.

***

El sillón de Ignacio era alto, grande y muy confortable. Acomodado en su trono, apuró el cigarrillo hasta el filtro y lo apagó en un cenicero blanco que había sobre su escritorio. De tanto utilizarlo, había ido cogiendo un color grisáceo, con pequeñas manchas naranjas y amarillas. Mientras tanto, las empleadas se sentaron en dos sillas de madera bastante más bajas que las de su jefe.

—Nos alegramos de que se haya recuperado —señaló Manuela Marigorta, y con mucha delicadeza, añadió—: ¿Cómo se encuentra, señor Iranzo?

—Perfectamente —refunfuñó, poniendo los pies sobre la mesa—. ¿Acaso no se me nota?

Alicia Oromí se encogió de hombros y miró a su compañera, que se sacó las gafas para volver a limpiarlas con delicadeza.

—Señor Iranzo —susurró con timidez—, Alicia y yo queríamos decirle que... Bueno, que llevamos todo el mes muy estresadas, sin apenas tiempo para descansar y disfrutar de nuestra vida fuera de la oficina...

—A eso yo lo llamo compromiso —le interrumpió. Ignacio exigía que su autoridad fuera respetada. Y no toleraba la desobediencia—. Os recuerdo que estáis delante de una persona muy seria, a la que no le gusta perder el tiempo con tonterías. ¡No entiendo por qué no estamos viendo ya el *power point*!

Alicia Oromí introdujo el archivo correspondiente en el ordenador de Ignacio Iranzo y esperó a que su compañera retomara el rol de portavoz. Manuela Marigorta permaneció callada y, tras unos segundos de incómodo silencio, le pegó un sutil codazo a su compañera, que hizo como si nada.

—¿Y bien? ¿Qué es esto? ¿El primer *power point* que se presenta a sí mismo? ¿O es que estáis pensando en hacer una presentación para sordos? —ironizó Ignacio, encendiéndose otro cigarrillo.

Manuela Marigorta empezó a morderse las uñas y a mover con inquietud su pierna derecha. «¡Cómo odio a este tío! —pensó—. ¡Y cómo odio este trabajo!» Justo después comenzó su exposición.

Un par de minutos más tarde, Ignacio Iranzo apagó bruscamente el cigarrillo, se puso las dos manos detrás de la cabeza e interrumpió la presentación.

—Déjalo ya, Manuela. —Ignacio se levantó de su trono, dio un par de pasos alrededor de su escritorio y mirando hacia lo lejos, afirmó—: A ver cómo puedo expresarme sin herir vuestros sentimientos. Ya sabéis que no me gusta ser siempre el malo de la película, pero si queremos que nos paguen por nuestro trabajo alguien tiene que hacerlo. ¿De verdad pretendíais fidelizar a nuestro mejor cliente con estas ideas tan poco innovadoras? ¡Si hay algo que los clientes no soportan es que insultemos su inteligencia! ¿Acaso no sabéis que siempre hay que darles más de lo que nos piden? ¿Es que no os he repetido mil quinientas veces que hay que cuidarlos e incluso mimarlos si hace falta? Y si para que se queden realmente satisfechos con nuestro trabajo hemos de dormir en la oficina, ¡pues se duerme en la oficina y punto!

Manuela tiró del cuello de su camisa y tragó saliva. Alicia permaneció muda y rígida, como una estatua. Ninguna de las dos se atrevía a mirarle a la cara.

—En fin, nadie podrá decirme que no lo intento. Pero está claro que no puedo delegar. Como decía mi abuelo, no le pidas peras al olmo. Si quieres un trabajo bien hecho, hazlo tú mismo... Al fin y al cabo, hay que exigir a cada uno lo que cada uno puede hacer. Anda, iros y tratad de hacer algo útil. Y que nadie me moleste hasta que lleguen los clientes.

Manuela Marigorta y Alicia Oromí bajaron por las escaleras, comentando en voz muy baja que su jefe parecía más quemado que nunca... De pronto, Ignacio se asomó a la puerta de su despacho y compartió con toda la oficina un par de preguntas retóricas:

—¡¿Por qué no podéis ser un poquito más como yo?! ¡¿Por qué no podéis ser más serios, eficientes y productivos?!

Tras dar un portazo, volvió a sentarse en su trono. Nervioso y enfadado, sacó el paquete de cigarrillos de su chaqueta y vio que estaba vacío.

—¡Maldita sea!

Resignado, Ignacio Iranzo lanzó el mechero al suelo y golpeó el escritorio con sus dos puños. Y lo hizo con tal fuerza que las dos colillas saltaron del cenicero, desparramándose por encima de la mesa. Tras un instante de profundo silencio, comenzó a acariciar su anillo de casado. Se lo sacó del dedo anular y lo sostuvo con delicadeza.

—Lo siento, cariño. Siento haberte fallado de esta manera —susurró. Y tapándose la cara con las manos, gimió—: ¿Por qué me tiene que pasar esto a mí? ¡Maldita sea! ¿Por qué a mí?

Seguidamente se colocó el anillo de nuevo. Y mientras lo besaba con ternura rompió a llorar, conteniéndose para que nadie pudiera oírle.

***

De camino a la Sala de Máquinas, el presidente se tapó la nariz y la boca con su pañuelo rosa, respiró hondamente y lo guardó de nuevo en su bolsillo. Al entrar, tosió repetidas veces, hasta que todos se quedaron en silencio.

—Buenas tardes, concededme un momento de atención. Tengo el... Esto... —Jordi Amorós cogió de nuevo su pañuelo y empezó a secarse el sudor de la frente y el cuello—. Os presento al nuevo responsable de personas y valores de esta consultora.

—¿Y qué ha sido del antiguo? —bromeó una voz a lo lejos, procedente del departamento informático.

Nadie se rio. Todo el mundo estaba expectante. Salvo la recepcionista Verónica Serra, en la consultora SAT nadie tenía ni la menor idea de lo que estaba sucediendo.

—Bueno, bromas aparte. Tan solo avisaros de que se avecinan... —Jordi Amorós volvió a taparse la boca con su pañuelo rosa—. En fin, que vamos a cambiar algunas cosas en la manera de trabajar en esta empresa. ¿No es así, señor Príncipe..., digo Pablo?

Pablo Príncipe sonrió, dio unos pasos al frente y contempló durante varios segundos los rostros de sus nuevos compañeros. Ignacio Iranzo, por su parte, abrió tímidamente la puerta de su despacho y permaneció detrás, en silencio.

—Espero que estéis teniendo un buen día. Me llamo Pablo y mi objetivo es promover los cambios necesarios para construir una empresa consciente y feliz. Creo honestamente que gozar de un entorno laboral saludable no solo es posible, sino que es un derecho fundamental de cualquier ser humano. Y para ello, es necesario llevar una vida equilibrada. Mi compromiso es que vuestro horario sea flexible y que gocéis de la mayor autonomía posible para gestionar libre y responsablemente vuestras funciones profesionales.

Manuela Marigorta arqueó las cejas. No podía creer lo que acababa de escuchar. Alicia Oromí se limitó a sonreír.

—Como sabéis —continuó Pablo, paseando delante de sus compañeros—, el capitalismo es ahora mismo la filosofía del sistema monetario en el que nos ha tocado vivir. Por eso el capital se ha convertido en el centro de nuestra existencia. Pero gracias a la valiente y arriesgada apuesta de nuestro presidente, la consultora SAT ha decidido convertirse en una empresa pionera, adelantándose unos años a la nueva filosofía que va a ir emergiendo durante las próximas décadas: el humanismo. Es decir, que vamos a potenciar al máximo vuestro bienestar para que así podáis dar lo mejor de vosotros mismos. Nuestra visión es que si conseguimos eliminar los obstáculos que os están impidiendo ser felices en el trabajo, con el tiempo se incrementará vuestra motivación, vuestra creatividad y vuestra productividad, multiplicando a medio plazo los resultados económicos de esta consultora. Y para demostrar nuestro compromiso, a partir del mes que viene vamos a subiros el sueldo un diez por ciento.

El presidente se apretó la mano derecha contra el corazón, creyendo que en cualquier momento le daba un infarto. Y con la izquierda volvió a taparse la boca con su pañuelo. A pesar de inhalar y exhalar profundamente varias veces, no consiguió calmarse. «Confía en lo que no puedes ver, Jordi —se dijo para sus adentros—. ¡Confía de una santa vez en lo que no puedes ver!»

—Antes de que os vayáis —añadió Pablo Príncipe—, pedidle a Verónica Serra que os reparta una encuesta de satisfacción laboral... Por favor, necesito que me la entreguéis a lo largo de esta semana. Podéis ser todo lo sinceros que queráis; es totalmente anónima. ¡Ah! Y a partir de mañana venid a la oficina vestidos como os sintáis más cómodos. Tan solo os invitamos a poneros traje cuando lo consideréis oportuno. No olvidéis que los cambios que vamos a introducir persiguen el crecimiento de esta empresa en todos los sentidos. Y para lograr esta transformación, os vamos a motivar para que os comprometáis con vuestro propio crecimiento como seres humanos. —Sin dejar de sonreír, Pablo concluyó—: Puede que aquí y ahora os cueste creerlo, pero somos muchísimo más de lo que parecemos ser. Como escribió Antoine de Saint-Exupéry: «Lo esencial es invisible para los ojos».

Desde lo alto de su despacho, Ignacio Iranzo se cruzó de brazos. Y clavando su mirada en Pablo Príncipe, se preguntó a sí mismo: «¿Quién diablos se habrá creído que es? ¿El Principito?».

III. El hombre de hoy sigue siendo un esclavo

Lunes, 24 de mayo de 1999

Tres años y medio antes de su discurso inaugural como responsable de personas y valores de la compañía SAT, Pablo Príncipe trabajaba en el departamento de recursos humanos de una de las consultoras más prestigiosas del planeta. Y eso que su historial académico dejaba bastante que desear: había sido uno de los últimos de su promoción. De ahí que después de licenciarse en dirección y administración de empresas nadie esperara demasiado de su carrera como profesional.

Pablo era considerado la oveja negra de su familia. Sobre todo porque se empeñaba una y otra vez en seguir su propio camino en la vida, por más que todavía no supiera hacia dónde ir. Sin embargo, su deseo chocaba siempre contra el muro impuesto por su padre, un empresario que se había empeñado en hacer realidad uno de sus objetivos vitales: conseguir que sus cuatro hijos, todos ellos varones, estudiaran y se dedicaran a trabajar en el mundo de los negocios. Y lo cierto es que no le costó demasiado con los tres primeros. Pero con el pequeño no lo tuvo tan fácil. Pablo era distinto y su diferencia era concebida como un defecto que había que erradicar, lo que le acarreó numerosos problemas y conflictos a lo largo de toda su infancia, adolescencia y juventud.

Finalmente, Pablo había cedido a la presión de su padre. Al igual que muchos otros jóvenes de su entorno, se sentía perdido. Y al no contar con una brújula interior que le revelara su auténtica vocación, decidió transitar por la ancha avenida de la resignación y el conformismo, cumpliendo así con las expectativas impuestas por la sociedad. Y lo cierto es que nada más tomar aquella decisión, Pablo se sintió derrotado por su mayor enemigo: el miedo. Tanto es así, que no dudaba en reconocer ante sus compañeros de universidad que era un «joven atormentado».

Fueron pasando los años y su tormento no hacía más que expandirse por sus venas. Sabía que estaba viviendo una vida de segunda mano y era incapaz de engañarse a sí mismo, de mirar hacia otro lado. Por más que le doliera, Pablo empezó a bucear en su interior. Intuía que ahí dentro se encontraban las respuestas que no había sido capaz de encontrar fuera. Así, empezó a llevar una doble vida. Durante el día trabajaba en una empresa en la que no creía, haciendo cosas que en realidad odiaba. Y por la noche se liberaba por unas horas de sus cadenas, emprendiendo la búsqueda de su verdad, leyendo durante horas todo tipo de libros de psicología y filosofía. Por aquel entonces, su profesión era encontrar el camino hacia sí mismo. Tan solo estaba comprometido con saber quién era y de qué manera podía crear una existencia plena, constructiva y con sentido.

Aunque llevaba más de dos años y medio fichando en la oficina, desde el primer día Pablo Príncipe se había negado a ponerse corbata. Era su forma de protestar pacíficamente. Esta conducta le había costado varias reprimendas, e incluso alguna bronca, tanto de sus jefes como de sus propios compañeros de trabajo. Tal vez fuera por su juventud —acababa de cumplir veintisiete años—, pero lo cierto es que era considerado uno de los empleados más rebeldes y difíciles de gestionar de la consultora. Según los últimos rumores, su despido era inminente.

Sus dos compañeros de departamento se callaron cuando lo vieron entrar. Aunque era lunes, estaban hablando sobre las ganas que tenían de que llegara el viernes. Eran las diez y media de la mañana, y una vez más Pablo Príncipe llegaba tarde. Llevaba alborotados sus rizos dorados y una descuidada barba de algo más de tres días. Nada más sentarse delante de su escritorio y sin encender su ordenador, soltó un sonoro resoplido. Sin decir nada, se acomodó en su silla y cerró los ojos, cruzando las piernas encima de la mesa.

—No te entiendo, Pablo —refunfuñó uno de sus compañeros—. Mira que lo intento, pero me lo pones muy difícil. ¿Cómo puedes ser tan pasota?

—Déjame en paz. ¿No ves que estoy *trabajando*? —dijo con sorna.

—¿Trabajando tú? Mira... ¡Me tienes harto, Pablo! ¡Eres un vago! ¿No te das cuenta de que aquí dentro estamos construyendo lo que pasa ahí fuera? ¡Deberías sentirte orgulloso! Gracias a nuestro trabajo las empresas están mejorando su rendimiento, generando mayor riqueza año tras año. Además, ¿cuántas veces he de repetirte que somos los número uno de nuestro sector? ¡Los número uno, Pablo!

Sin apenas moverse y con los ojos todavía cerrados, Pablo comenzó a reírse.

—¿Qué pasa? —le recriminó su compañero—. ¿Acaso he dicho algo gracioso?

Pablo Príncipe abrió los ojos y lo miró fijamente. Y frunciendo el ceño, afirmó con dureza:

—No sé qué me preocupa más, que te creas lo que acabas de decir o que tan solo lo estés fingiendo. ¿A quién estás intentando convencer? Por si todavía no te has dado cuenta, a los de arriba solo les interesas porque a cambio de un sueldo y un horario de esclavo les generas beneficios económicos al final de cada mes. Aquí no estamos construyendo nada que valga la pena. ¿Cómo puedes creer que esta consultora está mejorando el funcionamiento de otras empresas cuando nos están tratando como máquinas? Echa un vistazo a tu alrededor. Da igual en qué planta del edificio mires: esto es una cárcel. Nos hacen creer que es un trabajo, ¡pero en realidad es una nueva forma de esclavitud! No sé tú, pero yo no veo a mucha gente sonreír. No veo a nadie que parezca divertirse. Aquí todo el mundo está cansado, estresado o quemadísimo... Así que, ¿por qué no dejas de engañarte a ti mismo y a los demás? Si de verdad te importara lo de afuera, créeme, no estarías en esta consultora...

—¡Eres un idealista, Pablo! —intervino su otro compañero—. ¿No ves lo competitivo que está ahora mismo el mercado? La mayoría de mis amigos pagarían por tener la oportunidad de trabajar aquí... Puede que no sea un lugar perfecto, pero ninguno lo es. Además, ¿qué quieres que hagamos? Somos jóvenes y ya se sabe: no nos queda más remedio que pringar. Madura de una vez, Pablo, y asume que esto es lo que hay... Yo por lo menos apuesto por esforzarme y trabajar duro. Sé que así acabaré recibiendo el ascenso que me merezco.

—¿Y qué harás entonces? —le interrumpió Pablo Príncipe, apretando sus puños con fuerza—. Seguirás trabajando en algo que no tiene ningún sentido. Y encima con un horario todavía peor. ¡Ah! ¡Es verdad! ¡Tendrás un cargo más prestigioso! ¡Tendrás más dinero! ¡Y serás más respetado! Pero ¿de qué te servirá que te admiren? Por dentro seguirás estando hecho polvo, deseando cada lunes que llegue el fin de semana... ¡Despierta de una vez! Si sigues así acabarás siendo como tu padre, como el mío, como tantos otros... ¿Quieres convertirte en un amargado más con corbata?

Sus dos compañeros se miraron y negaron con la cabeza.

—Ya sé lo que te pasa, Pablo —afirmó uno de ellos—. Te rebotas porque sabes que a la gente como tú no la ascienden.

—Supongo que ya lo sabes —añadió el otro—, pero tienes los días contados. Al menos eso es lo que se comenta por los pasillos.

Pablo se llevó las manos a la cabeza y les dijo:

—Si os digo la verdad, ¡ojalá me echen! Si tuviera lo que hay que tener yo mismo me hubiera largado hace tiempo... No sé vosotros, pero yo necesito creer y sentir pasión por lo que hago, sentir que formo parte de un proyecto útil que aporte valor añadido para las personas. ¡Estoy cansado de resignarme! No he venido a este mundo a ganar dinero. ¡Y mucho menos a costa de convertirme en una persona seria, vacía y mediocre!

Al ver que sus compañeros comenzaban a reírse, Pablo Príncipe hizo un ademán de pegar un puñetazo contra la mesa y se marchó sin mediar palabra. Una vez fuera de la oficina, empezaron a hablar en susurros:

—¿Sabes qué?

—Qué.

—Que paso de Pablo. Se ha vuelto loco.

—Estoy de acuerdo. Siempre ha sido el raro de la oficina.

—Se va a quedar sin trabajo. En el fondo me da pena.

—A mí también.

—Bueno, a seguir currando, que hoy me gustaría salir antes de las diez de la noche.

—¿Y eso?

—Es el cumpleaños de mi novia.

—¿Y no podéis celebrarlo otro día? Te lo digo porque se rumorea que los de arriba están que echan chispas.

—Lo sé, algo me ha llegado.

—Se ve que estamos muy lejos de alcanzar los beneficios económicos trimestrales. No sé, creo que no es un buen momento para que te escaquees... Hazme caso, con el tiempo me lo agradecerás. Y cuando nos asciendan a los dos y estemos cobrando un sueldazo, seguro que ella también te lo agradecerá.

—Tienes razón. Ahora mismo la llamo y le digo que anulamos la cena.

IV. La improductividad del sufrimiento

Miércoles, 13 de noviembre de 2002

Desde hacía varias semanas, el nuevo horario de la consultora SAT era de nueve a dos y de tres a seis, con una hora de flexibilidad para la entrada y la salida, una medida que Ignacio Iranzo firmó a regañadientes. Aunque los empleados habían celebrado este cambio con entusiasmo, hasta la fecha nadie se había marchado de la Sala de Máquinas antes de las nueve de la noche.

A primera hora de la mañana, Pablo Príncipe se instaló en el despacho del presidente, donde citó uno a uno a todos los profesionales de la consultora. Quería escuchar de primera mano sus propuestas, críticas, quejas, ideas y demás comentarios orientados a mejorar las condiciones laborales de los cuarenta seres humanos que habían estado compartiendo un mismo techo durante doce horas al día, cinco días a la semana y cuarenta y nueve semanas al año.

Paciente y atento, Pablo fue anotando en su libreta hasta el más mínimo detalle de todo lo que le iban contando. Su escucha era empática y silenciosa. Apenas intervenía. Tan solo hacía alguna que otra pregunta, mostrando un sincero interés por comprender la situación de la persona que tenía delante. Extrañamente cómodos, los empleados se dejaron llevar y casi todos dijeron lo que realmente sentían y pensaban.

—No quiero parecer demasiado crítico ni prepotente —expuso un consultor, bastante enfadado—, pero en mi humilde opinión me parece patética la forma en la que se están haciendo las cosas por aquí. A veces siento que soy la única persona inteligente de esta consultora. ¡Falta iniciativa y liderazgo! Iranzo solo hace que echarnos broncas, señalando constantemente lo que hacemos mal o lo que podemos hacer mejor. ¡Es la persona más exigente que he conocido en toda mi vida! Por más horas que le eche y por más que me esfuerce, nunca tiene suficiente con mi trabajo. Siempre quiere más. Siempre quiere que sea mejor. La verdad es que estoy bastante harto de que me exijan compromiso y dedicación mientras juzgan constantemente lo que hago. Me siento ninguneado y engañado por esta empresa.

—No me gusta hablar mal de mis compañeros, pero ya que me lo preguntas, aquí todo el mundo va a lo suyo —apuntó Verónica Serra, bajando la voz con delicadeza—. Yo intento ayudar a los demás en lo que puedo, pero a veces creo que soy la única. En esta consultora nadie se preocupa por nadie. Aquí la gente solo piensa en sí misma. No recuerdo la última vez que alguien me preguntó cómo estaba. Lo que más pena me da es la falta de gratitud. Aquí hay demasiado egoísmo. Supongo que se debe a la influencia que Ignacio tiene sobre los demás. Sé que está pasando una mala racha, pero como jefe no es ningún ejemplo de generosidad ni de altruismo. Estoy un poco triste y decepcionada con la actitud tan individualista de mis compañeros. Pero no se lo digas a nadie, ¡eh! Que en realidad me llevo muy bien con todos ellos...

—El problema es que no estamos a la altura de nuestros competidores —precisó un ejecutivo del área de marketing, cuyo traje resplandecía—. Y dado que en general la plantilla es muy poco competitiva, es difícil trabajar en equipo con profesionalidad. Me considero un tipo eficaz y competente, pero aquí nadie valora lo que hago. El otro día, por ejemplo, cerré un acuerdo de colaboración con un nuevo cliente. Te estoy hablando de cientos de miles de euros. Pero nadie se dignó decirme nada. Aquí no se reconocen ni premian los méritos. Y ya que me preguntas, a veces me siento un poco frustrado. Estoy bien, no creas. Pero a veces siento que paso desapercibido, como si no importara nada todo lo que estoy consiguiendo. Ya no sé qué más puedo hacer para impresionar a Ignacio.

—Te advierto que soy el bicho raro y la oveja negra de la oficina —se presentó una consultora, enfundada en un vestido de color violeta, a juego con sus gafas de pasta—. Seguramente es porque tengo una manera muy diferente de ver las cosas, pero me cuesta mucho entender por qué Ignacio desecha todas las ideas que le propongo. Entre tú y yo, puede que sea un gran profesional, pero como persona es muy superficial. E incluso algo vulgar. Siento que limita mi creatividad. No quiero ponerme dramática, pero me da la sensación de que a ti puedo decírtelo: en esta empresa no puedo ser yo misma. Nadie me comprende. Me siento muy sola y triste. Tengo la sensación de que la mitad de mis compañeros me ignora y de que la otra mitad me envidia. No me perdonan que sea tan diferente y especial. ¿Qué culpa tengo yo de ser tan poco normal y convencional?

—Que sepas que estas entrevistas cara a cara me incomodan. Pienso que lo que me gusta o no me gusta es asunto mío —señaló uno del área financiera, sin apenas gesticular—. Pero ya que estamos, manifiesto que no se respeta mi espacio ni mi intimidad. Trabajamos amontonados y así no me extraña que la gente se disperse. No soy ningún chivato, pero me consta que aquí se pierde el tiempo jugando al solitario y navegando por internet. Sé de muchos compañeros que se pasan horas escribiendo mails personales y chateando por el Messenger. Y hay mucha gente que no para de hablar sobre su vida íntima, como si estuviéramos en un bar de copas... No me voy a andar con rodeos. Todo esto me abruma. Y a veces creo que Iranzo nos observa desde lo alto. Y para más recochineo, mi cubículo está justo debajo de su despacho.

—Creo que se nos presiona demasiado. Bueno, tal vez no —dudó Manuela Marigorta—. Hay siempre tanto trabajo pendiente y tan pocas directrices... No sé, me gustaría que alguien me dijese qué es exactamente lo que tengo que hacer y cómo tengo que hacerlo para cumplir con lo que se espera de mí. Aunque igual es pedir demasiado, ¿no? No sé, lo suyo sería que alguien le plantara cara a Ignacio de una vez. Es el jefe más autoritario que he tenido en mi vida. Me considero una persona leal, pero ya no confío en él. De hecho, hace mucho tiempo que he dejado de creer en lo que hago. Esta consultora ha perdido completamente el rumbo. Aquí nadie sabe hacia dónde vamos. Hay una falta total de valores. No sé... Creo que he perdido la ilusión y estoy pensando seriamente en dejarlo. Bueno, igual no tan seriamente. Todavía no lo tengo nada claro.

—¡En esta empresa son todos muy aburridos! —comentó un informático—. Sí, sí, lo que oyes... Estoy rodeado de gente gris. Cuando llegué intenté encenderles de nuevo la chispa de la vida. Me encargué de montar cenas. Organicé excursiones a diferentes bares y restaurantes. Ya sabes, para echar unas risas y tomarnos unas copas. Pero nada. Solamente he conseguido reunirlos a todos dos veces en cuatro años. ¿Te lo puedes creer? Lo que yo te digo, este lugar parece un cementerio. ¡La gente se toma la vida demasiado en serio! Obligaciones y responsabilidades, eso es todo lo que oigo por aquí. Supongo que ya te habrás percatado, pero en la Sala de Máquinas hay un mal rollo impresionante... Y no me extraña. ¡Con un jefe tan serio y gruñón como Ignacio qué podemos esperar! Cada día que pasa estoy menos motivado. Y si no podemos divertirnos, ¡apaga y vámonos!

—Me molesta muchísimo que me digan constantemente lo que tengo que hacer y cómo tengo que hacerlo —añadió una del departamento de marketing, mirando fijamente a los ojos de Pablo Príncipe—. No soporto que me controlen. ¡No sabes lo que me molesta que no confíen en mí! Lo dije bien claro el primer día. Para trabajar necesito que me dejen respirar. Necesito poder hacer las cosas a mi manera. Pero ya ves. Esto es la ley de la selva. Y por más que me moleste, no me queda más remedio que luchar y ser fuerte. Suerte que estás aquí, Pablo. Si te soy honesta, ¡este lugar es un asco! A veces me entran ganas de decirle a Ignacio cuatro verdades sobre su forma de ser y sobre su manera de tratar a las personas. ¡Y no solo a él! Mucha injusticia se respira aquí dentro, mucha injusticia...

Alicia Oromí fue la última en hablar con Pablo.

—A mí me parece que todo está bien tal y como está.

—¿De verdad no hay nada que podamos hacer para que te sientas más a gusto?

Alicia vaciló unos segundos, cruzó los brazos sobre su barriga y negó con la cabeza.

—Está bien, Alicia. Muchas gracias por tu colaboración. Cualquier cosa que necesites, házmela saber, por favor.

—Gracias, Pablo. Me marcho que tengo mucho trabajo —mintió, esbozando una sonrisa de oreja a oreja que contrastaba con su triste mirada.

***

Después de muchas horas escuchando, Pablo fue directo a los lavabos de la Sala de Máquinas. Eran las cinco de la tarde y todo el mundo seguía sentado frente a su ordenador. Al entrar, dejó su libreta sobre la pica y se puso de pie delante de uno de los siete urinarios habilitados. De pronto, Ignacio Iranzo irrumpió en el baño. Se situó justo a su lado y se bajó la cremallera. Sus ojos estaban inyectados en sangre. Venía de echarle una bronca monumental a Manuela Marigorta y Alicia Oromí delante del resto de sus compañeros. El mejor cliente de la consultora le acababa de confirmar telefónicamente que dejaba de contratar sus servicios. Al menos temporalmente. Por lo visto, la presentación realizada a mediados de octubre estaba muy por debajo de sus expectativas.

—Pareces un tipo simpático —comentó al cabo Ignacio—. Si te soy sincero, tu discurso inaugural me... —Cerró los ojos y con el puño cerrado se golpeó varias veces el pecho—. Desde entonces, me esfuerzo en ver a nuestros empleados como seres humanos, con sus sentimientos, sus deseos, sus sueños, sus expectativas... Pero nada. Debo de ser un caso perdido. Por más que lo intente, para mí siguen siendo máquinas... Máquinas que siguen órdenes para cumplir objetivos. Para eso les pagamos cada mes, ¿no?

Pablo permaneció en silencio.

—No sé para qué te molestas en darles falsas esperanzas —prosiguió Ignacio—. Tú y yo sabemos que para que esto funcione hace falta mala leche y mano dura. Además, no nos conviene que los trabajadores se confundan, creyendo que vamos a priorizar sus supuestas necesidades en detrimento de los resultados de la empresa. Eso solo complicaría las cosas. No sé si me sigues...

Ignacio se subió la cremallera y se dirigió hacia la pica. Cogió la libreta de Pablo y empezó a curiosear.

—¿Qué pasa? ¿No hablas? Mira, Principito, te lo voy a dejar bien claro, para que no me malinterpretes... Puede que hayas enredado al viejo, pero a mí no me tomas el pelo. No me gustas tú ni me gustan tus chorradas humanistas. ¡La felicidad es patrimonio de los tontos! ¡Así que no nos hagas perder nuestro valioso tiempo! —Ignacio Iranzo se encendió un cigarrillo y le dio tres caladas seguidas—. Puede que todavía no te hayas enterado, pero el mundo se ha convertido en un negocio. Si no somos fuertes y competitivos, no podremos sobrevivir... ¿Estamos o no estamos, Principito?

Pablo empezó a lavarse las manos, tomándose su tiempo. «Respira y no te lo tomes como algo personal —pensó—. Simplemente está tratando de hacerte reaccionar. Estás aquí para servir, no para luchar.»

—No pretendo crear problemas en esta empresa —afirmó con serenidad—. No sé cómo lo ves, Ignacio, pero sé que si remamos juntos en una misma dirección, mejoraremos la calidad de vida de las personas que trabajan en esta empresa, aumentando a medio plazo los resultados económicos de nuestra consultora.

—¿Cómo que nuestra? No te equivoques, tú eres un recién llegado y yo llevo trabajando aquí trece años. Además, esto no es un equipo de remo, Principito. ¡Y ya puedes ir escribiendo en tu libretita mágica que Ignacio Iranzo dirige su propio barco! —exclamó irritado, lanzándola contra el suelo—. A mí me gustan las cosas tal y como están, ¿me entiendes? Y por si no lo sabías, Principito, ¡aquí mando yo! ¡No tú! ¡Yo! ¿Te enteras?

La respiración de Ignacio era rápida, entrecortada y agitada. Por dentro era un volcán en erupción. Tan solo le faltaba una excusa para estallar.

«Tranquilo, Pablo, acéptalo porque no se da cuenta de lo que está diciendo —insistió en su fuero interno—. A su manera lo está haciendo lo mejor que puede...»

—Me ha quedado muy claro, Ignacio —contestó con tranquilidad Pablo Príncipe.

Ignacio Iranzo lo observó extrañado. No era la respuesta que estaba esperando. «¿Me estás tomando el pelo, Principito?», se preguntó para sus adentros.

—¿Me estás tomando el pelo, Principito? —dijo esta vez en voz alta, poseído por la rabia.

«Acéptalo, Pablo. No ganarás nada reaccionando —se repitió a sí mismo—. El hombre que tienes delante está canalizando su sufrimiento contigo. Intenta no decir nada que pueda hacerle saltar...»

En ese preciso momento Jordi Amorós entró en el lavabo, tarareando una alegre canción.

—¡Míralos! ¡Mis dos muchachos de confianza ya van juntos al lavabo! —bromeó el presidente.

Y esta vez Ignacio no fue el único que permaneció callado. Pablo estaba totalmente ensimismado en sus pensamientos.

—Supongo, Ignacio, que ya le habrás pasado tus críticas constructivas a nuestro responsable de personas y valores —añadió Jordi Amorós.

—Precisamente, ahora mismo le acabo de hacer una exposición muy sincera de cuáles son mis valores... Los tiene todos apuntaditos en su libreta —afirmó, señalando con la mirada hacia el suelo—. Bueno, compañero de aventuras, ya continuaremos otro día —se despidió Ignacio, palmeando con fuerza la espalda de Pablo—. Ya sabes que cuentas con todo mi... apoyo.

Pablo Príncipe respiró hondamente, recogió la libreta del suelo y le dijo a Jordi Amorós que quería hablarle en privado.

—Por supuesto —le respondió con firmeza el presidente—. Quedamos en mi despacho en cinco minutos. —Y antes de que Pablo saliera del baño, dejó aflorar su inquietud—: Por cierto, lo que me quieres contar... ¿es algo bueno o malo?

—Depende de cómo lo mires.

***

Sentados cara a cara, el presidente le dijo a Pablo que era todo oídos. Se frotó las manos y añadió:

—¿Y bien? ¿De qué se trata?

—Quería hablarte de la encuesta de satisfacción laboral.

Jordi sacó del bolsillo su pañuelo rosa y lo cogió con las dos manos.

—Adelante, estoy preparado —suspiró, entrecerrando los ojos.

—Tengo muy buenas noticias —sonrió Pablo, sacando la hoja con los resultados.

—¿Qué? ¿Cómo? ¿Buenas noticias? —exclamó Jordi Amorós, lanzando el pañuelo sobre su escritorio.

—Según la encuesta, el noventa y nueve por ciento de nuestros colaboradores es muy infeliz trabajando en esta consultora —afirmó Pablo Príncipe—. Tan solo una persona de la organización no ha contestado el cuestionario, alegando que «la felicidad no existe».

Jordi Amorós se quedó estupefacto. «Pero ¡¿qué diablos he estado haciendo todos estos años al frente de esta empresa?!», pensó, poniéndose las manos sobre la cabeza.

Pablo dejó que el presidente se tomara su tiempo.

—No vale la pena lamentarse, Jordi —dijo al rato—. Lo importante es lo que puedes hacer ahora, lo que podemos hacer juntos. Una cosa está muy clara: si seguimos haciendo las cosas como hasta ahora, seguiremos obteniendo los mismos resultados —apuntó Pablo Príncipe—. Piénsalo un momento: ¿de qué manera crees que estamos tratando a nuestros clientes cuando nuestros colaboradores reconocen ser infelices?

El presidente frunció el ceño y agachó la mirada, negando con la cabeza. Segundos después, arqueó las cejas y se puso de pie.

—Nuestro primer cliente son nuestros empleados. Aunque es una santísima obviedad, hasta ahora nunca había pensado en ponerlo en práctica —reconoció.

—Suele pasar, Jordi. Las cosas realmente importantes de la vida son tan obvias que las terminamos obviando. —Jordi Amorós cogió su pañuelo y lo pasó suavemente por su cara—. Por eso digo que son muy buenas noticias —añadió Pablo—. Lo bueno de saber que hemos tocado fondo es que solo podemos ir hacia mejor. Ahora mismo, nuestro esfuerzo y compromiso deben centrarse en ofrecer a nuestros colaboradores las mejores condiciones laborales posibles...

—Cuanto más les cuidemos, más cuidarán ellos a los clientes —le interrumpió el presidente.

—Exacto. De lo que se trata es de no darles ningún motivo para que se quejen ni se sientan víctimas por la manera en la que se trabaja en esta organización —añadió Pablo Príncipe—. Mientras tengan excusas externas con las que justificar su insatisfacción, derrocharán parte de su tiempo y de su energía en buscar culpables. De hecho, me consta que ya lo están haciendo. Casi todos me han confesado que su falta de motivación y su bajo rendimiento se deben al pésimo ambiente laboral en el que se desarrolla su día a día. ¡Y qué decirte de Ignacio! Creo que «tóxico» ha sido el adjetivo que más han utilizado los empleados para describirle.

—Tóxico —repitió el presidente, frunciendo el entrecejo.

—Sí, sí, como lo oyes —asintió Pablo Príncipe—. Muchos reconocen que trabajar en la consultora SAT es nocivo para su salud mental... Ha llegado la hora de que construyamos un entorno laboral más humano. De esta manera, los trabajadores podrán darse cuenta de que, en realidad, ellos son los únicos responsables de su bienestar y de su malestar. Y esta toma de consciencia es el principio del cambio que quiero introducir en tu consultora.

—Nuestra, querido Pablo, nuestra. Ahora somos un equipo.

Pablo Príncipe sonrió.

—Para lograr que nuestra consultora sea realmente creativa e innovadora, hemos de promover que nuestros colaboradores vivan su jornada de forma libre, madura y responsable —añadió—. Hemos de empezar a ser cómplices de su felicidad, pues no hay nada más improductivo e insostenible para una empresa que el sufrimiento de las personas que trabajan en ella. Y créeme, ahí dentro la gente está quemadísima. La mayoría ha olvidado por qué está aquí y para qué sirve su trabajo —afirmó, señalando con la mirada en dirección a la Sala de Máquinas—. Si tenemos claro que ellos son el primer cliente de la empresa, es hora de actuar en consecuencia. A nosotros nos corresponde dar el primer paso.

El presidente lanzó su pañuelo rosa a la papelera, se acercó a Pablo Príncipe y le susurró:

—¿Sabes qué, Pablo? Adelante con lo que haga falta. Confío en ti.

***

En la Sala de Máquinas, Manuela Marigorta se puso de puntillas disimuladamente para echar un vistazo sobre el resto de cubículos. Su reloj marcaba las seis de la tarde, pero ningún compañero se había marchado a casa. Todos seguían sentados frente a sus ordenadores. La mayoría estaba navegando por internet, chateando por el Messenger o jugando al solitario. La única excepción era Alicia Oromí, que se había quedado dormida sobre su escritorio.

«Ánimo, Manuela, ¡tú puedes! —se motivó en su fuero interno—. Sé valiente y márchate la primera. Ya verás como todos te siguen. No, no, no. ¡Estás loca! Mejor quédate sentada, no vaya a ser que alguien te mire mal. A ver, Manuela, qué más te da lo que piensen los demás. Son las seis y estás en tu derecho de irte a casa...»

Manuela cogió sus cosas, dio un par de pasos con firmeza y rápidamente volvió a sentarse frente a su ordenador. «Mejor te esperas y ves qué hace el resto», pensó, concluyendo así su debate interno.

Media hora más tarde, Pablo Príncipe entró en la Sala de Máquinas y enseguida se percató de cómo los colaboradores se observaban unos a otros, buscando algún tipo de complicidad para poder marcharse sin ser criticados ni reprendidos por algún compañero. De vez en cuando también miraban temerosos hacia arriba. Ninguno sabía con certeza si Ignacio Iranzo estaba vigilándoles desde su despacho.

—Estoy organizando un curso de introducción al autoconocimiento y el desarrollo personal para dentro de un par de meses —anunció de pronto Pablo—. Participar es totalmente voluntario. Para ponernos de acuerdo con las fechas, por favor, informaos en recepción. Verónica os dará más detalles. ¡Que disfrutéis mucho de la tarde! Me voy a casa. —Justo antes de salir de la Sala de Máquinas, se dio la vuelta y añadió—: Por cierto, Ignacio no está en su despacho. Jordi me acaba de decir que se ha tomado la tarde libre para estar con su mujer.

La Sala de Máquinas quedó desierta en solo cinco minutos. Era la primera vez que los empleados salían antes de las nueve de la noche. Y de la emoción, se olvidaron de avisar a Alicia Oromí, quien se despertó horas más tarde, confundida y desorientada.

V. El verdadero escéptico
es el que explora lo que desconoce

Sábado, 11 de enero de 2003

Era sábado, y por un día la Sala de Máquinas se convirtió en un improvisado curso de autoconocimiento. En uno de los extremos se habilitó una pizarra y se distribuyeron tres filas de sillas en forma de «U». A la cita asistieron todos los empleados de la consultora SAT, incluido Jordi Amorós. El presidente se sentó en primera fila, junto a las colaboradoras Manuela Marigorta y Alicia Oromí, que lucía un vestido largo, de color blanco y amarillo. Al otro lado del presidente estaba la recepcionista, Verónica Serra, que lamentaba no haberse puesto más guapa para la ocasión. Incluso acudieron varios miembros del personal de limpieza, así como el conserje Bernardo Marín, que intentaba ocultar la ilusión que le hacía poder unirse al grupo.

Ignacio Iranzo fue el único que declinó asistir.

—¡El crecimiento personal es una tontería inventada para aliviar a los débiles mentales! —gritó enfurecido días atrás, delante de un par de colaboradores—. Parece mentira que la gente siga dejándose engañar, creyendo en la felicidad y la paz interior... Solo de pronunciar estas palabras me siento estúpido y ridículo. ¡Qué manera tan tonta de perder el tiempo!

Aunque nadie se atrevió a decirlo en voz alta, su ausencia fue recibida con agrado. Lo que sí se comentó antes de comenzar el curso es que desde su vuelta al trabajo Ignacio estaba más susceptible que nunca. Si bien era conocido por su temperamento visceral, jamás se había mostrado tan prepotente y déspota con sus colaboradores. El presidente tomó nota de lo que se decía en la conversación, y reconoció que últimamente Ignacio entraba y salía de la oficina «con un humor de perros».

—No me ha contado nada, pero sé que algo grave le ha pasado con su mujer... Por eso estuvo un mes de baja por depresión —apuntó Jordi Amorós—. Como sabéis, le conozco desde que era un chaval. Y con el tiempo se ha convertido en mi mano derecha. Por supuesto, si sigue comportándose así, tomaré cartas en el asunto —concluyó, agachando la cabeza, sin acabar de creerse lo que acababa de decir.

HONESTIDAD, HUMILDAD Y CORAJE

—Buenos días a todos y gracias por asistir a la primera parte de este curso de introducción al autoconocimiento —comenzó diciendo Pablo Príncipe—. La segunda parte la daremos el mes que viene, para que así tengáis tiempo de poner en práctica los conceptos teóricos que hoy explicaremos.

»En primer lugar, me gustaría felicitaros por ser honestos con vosotros mismos. Lo digo porque es admirable que hayáis decidido invertir tiempo, ganas y energía en mejorar como personas y como profesionales. En este sentido, lo más corriente es luchar para cambiar lo de afuera, culpando a los demás de nuestros conflictos, victimizándonos por nuestras circunstancias adversas e incluso quejándonos ante la vida por todas aquellas situaciones desagradables que nos suceden. Lo excepcional es reconocer que nosotros somos co-creadores y co-responsables de nuestros problemas. Cuando lo hacemos, estamos más cerca de encontrar las soluciones que anteriormente buscábamos afuera. Como veremos a lo largo de este curso, el gran desafío consiste en mirarnos en el espejo. Aunque a veces nos cueste reconocerlo, la raíz de nuestro sufrimiento y también de nuestra felicidad está dentro de nosotros y no fuera. Por otro lado, el hecho de que hayáis venido hoy aquí de forma voluntaria también pone de manifiesto que sois humildes, una cualidad imprescindible para poder crecer y evolucionar como seres humanos. Lo hermoso de la humildad es que abre la puerta de nuestra mente y de nuestro corazón al aprendizaje y la transformación. Sobre todo porque nos permite partir de la base de que no sabemos, pero que estamos dispuestos a aprender. Y esto es algo maravilloso. Por eso os doy las gracias a todos. Además, tal y como intuís, mirar hacia dentro implica viajar hacia lo desconocido, lo que suele generar mucho miedo e inseguridad. Con lo que también os felicito por vuestra valentía y coraje.

»En segundo lugar —añadió—, debo advertiros que la actitud que mostréis a lo largo de este curso será clave para que el tiempo que pasemos juntos sea útil y beneficioso para todos. Por favor, no os creáis nada de lo que os diga. Estaréis de acuerdo en que la sociedad ya nos ha llenado la cabeza de suficientes creencias como para acumular unas cuantas más durante este taller. En la medida que podáis, os animo a que verifiquéis la información que hoy compartiremos, poniéndola en práctica y analizando los resultados obtenidos. Como veremos, las palabras y los conceptos son muy útiles para mostrar el camino que nos conduce a la experiencia, pero no son la experiencia en sí mismos. Por eso, el objetivo de este curso es motivaros a que os comprometáis con poner en práctica la teoría, de manera que obtengáis una mayor comprensión por medio de vuestras propias vivencias. Según un dicho malgache, "por más que alguien te explique a qué saben los frutos de los baobabs, no lo sabrás hasta que los pruebes por ti mismo". El puente entre el saber y el no saber es lo que experimentamos y comprendemos, no lo que nos dicen o lo que creemos. Así que permitidme que insista: no os creáis nada de lo que os diga. No os creáis absolutamente nada. Eso sí, os animo a que lo experimentéis todo. Solo así podréis verificar que la información es veraz y de provecho para vuestro proceso de crecimiento personal.

»En tercer lugar —continuó Pablo Príncipe—, dado que todo lo que explicaremos tiene que ver con los aspectos más intangibles de nuestra condición humana, es importante que cada uno se convierta en científico. Eso sí, en este caso, el laboratorio en el que se producen los descubrimientos, las revelaciones y las transformaciones está dentro de vosotros mismos. De ahí que al desarrollo personal también se le denomine "la ciencia interior". Al mismo tiempo, os advierto que lo normal es que os pongáis a la defensiva cada vez que escuchéis información nueva y desconocida... Pero esta actitud conservadora es precisamente la que obstaculiza e impide vuestro crecimiento y evolución. Por eso, os invito a que os convirtáis en verdaderos escépticos, explorando lo que desconocéis. Así, podréis vivir nuevas experiencias que os permitirán comprender lo que hasta ahora no sabíais. Y no importa vuestra edad ni en qué momento vital os encontréis. Para ampliar nuestro conocimiento y nuestra sabiduría debemos vencer siempre a un enemigo sutil, pero muy limitante: la arrogancia de creer que lo sabemos todo, que suele cerrar nuestra mente a nuevas formas de aprendizaje.

»Por último, solo recordaros que en Occidente el autoconocimiento comenzó con el aforismo "Conócete a ti mismo", cuyo origen se remonta más allá del siglo VI antes de Cristo, siendo más antiguo que la historia misma de la filosofía —señaló Pablo—. Así que, aunque ahora está poniéndose de moda, este trabajo interior viene practicándose desde los tiempos en que grandes sabios como Zoroastro, Mahavira, Lao-Tsé, Buda, Sócrates y Jesús de Nazaret difundieron sus enseñanzas entre sus discípulos... Aunque luego fueron mitificados por la religión, todos ellos fueron filósofos, a quienes a día de hoy se les considera como los primeros divulgadores especializados en crecimiento personal. ¿Alguna pregunta?

¿QUÉ ES Y PARA QUÉ SIRVE EL AUTOCONOCIMIENTO?

Al ver que nadie decía nada, Pablo Príncipe continuó con su presentación.

—Bien, ¿qué es entonces el autoconocimiento? ¿Y para qué nos puede ser útil? Para responder a estas preguntas, voy a empezar contándoos mi cuento preferido, que pertenece a la tradición sufí —sonrió—. Se dice que una noche un loco sabio llamado Nasrudín se encontraba mirando hacia el suelo, dando vueltas alrededor de una farola. Y un vecino que pasaba por la zona le preguntó: «¿Has perdido alguna cosa, Nasrudín?». Y este le contestó: «Sí, estoy buscando mi llave». Y seguidamente el vecino se puso a buscarla con él. Después de un rato apareció otra vecina, que, intrigada, les preguntó qué estaban haciendo. «Estamos buscando la llave de Nasrudín.» Y ella también se animó a ayudarles a encontrarla. Más tarde, otro vecino se unió a ellos y juntos buscaron y buscaron la llave de Nasrudín.

»Cansado y con ganas de irse a dormir, uno de los vecinos finalmente le preguntó: "Nasrudín, llevamos buscando tu llave durante varias horas... ¿Estás seguro de haberla perdido en este lugar?". Y enseguida este negó con la cabeza. "Entonces, ¿dónde crees que la has perdido?" Sin dudarlo, Nasrudín respondió: "La he perdido dentro de mi casa". Sorprendido, otro vecino intervino en la conversación: "Pero ¿por qué la estamos buscando aquí?". Nasrudín los miró muy seriamente y les dijo: "Pues porque mi casa está muy oscura y aquí hay más luz".

En la Sala de Máquinas se hizo el silencio. Los alumnos se quedaron reflexionando hasta que Jordi Amorós, excitado, fue el primero en compartir lo que el cuento le había despertado.

—Muy bueno, Pablo... ¡Santísima ceguera que llevo arrastrando toda mi puñetera vida! Si lo he entendido correctamente, el autoconocimiento consiste en buscar lo que andamos persiguiendo dentro de nosotros mismos, que es precisamente el último lugar en el que nos han enseñado a mirar.

—Exacto, Jordi. El autoconocimiento es la llave que abre la puerta hacia nuestro interior, que es donde podemos conectar con nuestro bienestar. Y puede que ahora, después de mucho tiempo sin echarle un vistazo, nos dé miedo entrar adentro. Pero en la medida en que nuestros ojos se vayan acostumbrando a la oscuridad, poco a poco seremos capaces de movernos con facilidad dentro de nosotros mismos. Solo así descubriremos quiénes somos de verdad. Para lograrlo, hemos de saber cómo funciona nuestra mente; de qué manera podemos gestionar nuestros pensamientos voluntariamente; cómo podemos regular nuestras emociones de forma constructiva; cuál es la causa real de nuestro malestar; cuál es el camino para gozar de un equilibrio duradero y, en definitiva, cómo podemos llevar una vida plena y con sentido en el actual escenario laboral, marcado por la hipervelocidad, el estrés y el cansancio... A partir de este aprendizaje, lleno de tesoros y sorpresas, estaremos preparados para relacionarnos con los demás y con la realidad de una manera más inteligente, fluida y armoniosa... Aunque lo parezca, el éxito no es la base de la felicidad, mientras que la felicidad sí es la base de cualquier éxito.

—Doy fe de ello... Ya no me queda la menor duda: la respuesta está dentro, no fuera —añadió el presidente.

—¿Y por qué no nos lo han dicho nunca? —intervino Manuela Marigorta—. Que yo sepa, no existe ningún manual de instrucciones de la condición humana. Pero bueno, no sé... Igual sí que existe y todavía no me he enterado.

Alicia Oromí arqueó las cejas y se encogió de hombros, acariciándose distraídamente la barriga.

—No solo no nos han enseñado a mirar hacia nuestro interior —señaló Pablo—, sino que la sociedad nos ha condicionado para que nos centremos, e incluso nos obsesionemos, en lo que ocurre afuera. Normalmente creemos que la felicidad llegará cuando tengamos más dinero, éxito profesional, prestigio social, un coche nuevo, una pareja más guapa... Y esa es precisamente la función del deseo: perseguir lo que no tenemos, creyendo que eso que anhelamos conseguir en el futuro nos generará la felicidad de la que carecemos en el momento presente. Sin embargo, por el camino solemos perder lo único que necesitamos y que ya está a nuestra disposición: nosotros mismos, es decir, nuestro propio bienestar interno. Por seguir con la metáfora del cuento de Nasrudín, lo paradójico es que primero hemos de mirar debajo de la farola, alumbrados por la luz artificial, para terminar concluyendo que ahí no se encuentra la llave que andamos buscando. Solo por medio de esta revelación decidimos cambiar el foco de nuestra atención ciento ochenta grados, empezando a buscar en nuestro interior. Por más difícil que pueda parecernos, tarde o temprano vamos a tener que mirarnos en el espejo. Es un encuentro del que no podemos escapar eternamente.

»Con respecto a si existe o no un manual de instrucciones, lo cierto es que sí existe. Y no solo uno, sino muchos. De ahí la gran variedad de herramientas de crecimiento personal. Y todas ellas son sendas diferentes que nos conducen hasta un mismo punto: el conocimiento y la comprensión de nuestra condición humana, que nos permite recuperar el contacto con la riqueza con la que nacimos: la felicidad, el equilibrio y el bienestar interno. Cada una de estas herramientas es como un mapa de nuestra condición humana. Nos pueden ayudar a ver con más claridad los pasos que tenemos que dar para llegar a encender la luz en nuestro interior. Una vez encendida, ya no necesitamos seguir utilizándolas, pudiendo seguir nuestro camino de forma libre y autónoma.

¿ES EL AUTOCONOCIMIENTO UN ACTO EGOÍSTA?

—Pero si el autoconocimiento consiste en mirarse a uno mismo para ser feliz, ¿no es entonces un acto egoísta? —preguntó Verónica Serra, arreglándose el pelo con delicadeza.

—Aunque en un primer momento pueda parecerlo, el autoconocimiento no es un fin en sí mismo —respondió Pablo—. Aprender a ser felices por nosotros mismos es el primer paso, no el final del trayecto. Así, el autoconocimiento es un medio que nos permite conocernos más en profundidad para ordenarnos interiormente. Por eso, este egoísmo consciente es necesario para llegar a estar bien con nosotros mismos, es decir, para que en nuestra vida prevalezca la paz interior, la alegría y la confianza, en detrimento de la ira, la tristeza y el miedo. Además, al gozar de un sano y sostenible bienestar podemos empezar a servir amorosamente a los demás...

—¿Servir amorosamente? —gruñó impulsivamente Bernardo Marín, que enseguida se dio cuenta de que estaba poniéndose a la defensiva.

—Por «servir amorosamente» me refiero a que cuando estamos a gusto y en paz con nosotros mismos, podemos empezar a estarlo con los demás y con la vida. Es decir, que nuestro equilibrio interno nos permite ser mejores padres, hijos, hermanos, amigos, directivos, jefes, compañeros de trabajo... Y por «mejores» quiero decir más conscientes, sabios y objetivos. En mi caso, por ejemplo, durante mis primeros veintisiete años de existencia y debido a mi profundo malestar interno, mantuve muchos problemas y conflictos con mi familia, sobre todo con mi padre y mis tres hermanos mayores... En estos últimos años me he dado cuenta de que quería que ellos me comprendieran y aceptaran antes de comprenderles y aceptarles yo a ellos primero. Al no haber aprendido a amarme a mí mismo era incapaz de amar a los demás. —Pablo Príncipe hizo una pausa, miró fijamente al conserje y le sonrió—. Y cuando hablo acerca del amor, Bernardo, no me refiero al sentimiento, sino al comportamiento. Amar es sinónimo de comprender, aceptar, respetar, agradecer, valorar, escuchar, atender, ofrecer y, en definitiva, ser amable en cada momento y frente a cada situación. Y lo cierto es que siempre tenemos la posibilidad de ser amables...

—Ahí te doy la razón, Pablo, toda la razón... —asintió el conserje.

—¿Y por qué no lo somos? —preguntó Alicia Oromí, cuyo hilo de voz era casi inaudible—. ¿Por qué somos tan poco humanos? ¿Por qué somos tan crueles e insensibles los unos con los otros?

Su intervención despertó desconcierto e interés entre sus compañeros, que no recordaban la última vez que la habían oído hablar en público.

LA ESCLAVITUD DE LA REACTIVIDAD

—Gracias por tus preguntas —dijo Pablo, cuya respuesta hizo sonreír a Alicia—. Si nos observamos detenidamente en nuestro día a día, nos damos cuenta de que todas nuestras actitudes y conductas negativas surgen de nuestro interior de forma mecánica e impulsiva. Ninguno de nosotros elige enfadarse, tener miedo o sentirse triste. Todavía no he conocido a nadie que pudiendo escoger prefiera sufrir a ser feliz... Además, cuando gritamos a alguien con rabia, por ejemplo, primero nos hacemos daño a nosotros mismos. La paradoja reside en que, dado que somos nosotros quienes creamos la rabia en nuestro interior, es como si bebiésemos un chupito de cianuro. Tan solo hemos de comprobar cómo nos sentimos después de tener un conflicto emocional con otra persona, aunque hayamos discutido con ella dentro de nuestra cabeza. Por eso es importante recordarnos cada día, nada más levantarnos, que cualquier pensamiento, emoción, actitud o conducta negativos no aportan nunca nada positivo, beneficioso ni constructivo. Y no solo eso. La negatividad nos destruye, mermando nuestro sistema inmunológico y volviéndonos más vulnerables a todo tipo de enfermedades. Tened cuidado con ella: es puro veneno.

»El hecho de que en ocasiones nuestro comportamiento sea tóxico y nocivo es porque en general no somos dueños de nuestra actitud ni de nuestra conducta —afirmó—. Más bien todo lo contrario. Somos esclavos de nuestras reacciones emocionales, que se desencadenan casi sin darnos cuenta. Y mientras seamos seres reactivos, seguiremos siendo víctimas de nuestras circunstancias. De hecho, al estar tan acostumbrados a ser prisioneros de este encarcelamiento psicológico, solemos concluir erróneamente que nuestro estado de ánimo viene determinado por lo que sucede en el exterior. Afortunadamente, es posible dejar de ser reactivo para empezar a ser proactivo. Este es precisamente uno de los objetivos del autoconocimiento y el desarrollo personal. Es una cuestión de comprender los "porqués" y entrenar los "cómos"...

—Perdona, Pablo —intervino Verónica Serra—. La parte de la reactividad la he entendido bien. Como recepcionista tengo que lidiar cada día con muchos personajes que no están precisamente comprometidos con su desarrollo personal... A veces hablo por teléfono con clientes que se ponen muy pesados, que son bordes y que me llegan a decir auténticas barbaridades. Y enseguida noto que algunos de estos comentarios tan irrespetuosos sacan lo peor de mí misma. Normalmente termino enfadada, triste o las dos cosas a la vez. Escuchándote me doy cuenta de que no estoy eligiendo estas emociones, sino que el enfado y la tristeza aparecen dentro de mí de forma reactiva. Y sí que es cierto que lo vivo como un «encarcelamiento psicológico», pues a veces el malestar me dura un buen rato hasta que desaparece...

—¡Y los hay a quienes la mala leche les dura días, años e incluso toda la vida! —bromeó un miembro del departamento informático, situado en la última fila.

Verónica Serra se rio tímidamente y, al cabo de unos segundos, concluyó su aportación:

—En fin, lo que no acabo de entender es en qué consiste exactamente la proactividad. Hasta ahora creía que consistía en tener iniciativa, pero intuyo que es algo más profundo...

—Gracias por compartir tu experiencia con nosotros, Verónica. Darnos cuenta de la manera en la que reaccionamos es el primer paso para poder trascenderla. Como bien has comentado, la reactividad es un mecanismo impulsivo. No lo elegimos y por tanto no somos responsables de lo que nos genera, tanto a nosotros mismos como a los demás. Y sí, es cierto que hay personas que conviven con la reactividad toda su vida —afirmó, mirando con complicidad a la última fila—. Afortunadamente, como decíamos, la proactividad es la otra cara de la moneda. Es la capacidad que todos tenemos de dejar de ser reactivos para empezar a tomarnos las cosas que nos pasan de una manera más sana y constructiva. Por seguir con el ejemplo que ha contado Verónica, me gustaría añadir que entre el estímulo externo (que alguien sea borde con nosotros) y nuestra consiguiente reacción (el enfado o la tristeza) hay un espacio en el cual tenemos la libertad para elegir la respuesta que más nos convenga a nosotros y a los demás. A ese espacio se le denomina «consciencia».

—Consciencia —repitió una de las mujeres de la limpieza, que no dejaba de tomar notas en su libreta—. Bonita palabra, sí señor.

Pablo Príncipe sonrió. Era una de sus preferidas.

—Si vivimos de forma consciente —continuó—, podemos decidir no perturbarnos cuando suceden los hechos que normalmente nos perturban. Y es que no son los comentarios de los demás los que nos agreden, sino nuestra reacción ante ellos. Si dejáramos de reaccionar, no crearíamos la perturbación en nuestro interior. Y este es el poder que podemos desarrollar por medio de la proactividad. Siguiendo con el ejemplo que ha puesto Verónica, frente a los comentarios irrespetuosos del cliente, podemos recordarnos que, aunque no estemos de acuerdo con lo que dice, tiene todo el derecho de ser borde. Y no solo eso: también podemos comprender que, al ser borde, el cliente está agrediéndose a sí mismo en primer lugar. Como hemos dicho antes, es como si estuviera tomándose un chupito de cianuro... Y esta conclusión nos lleva a empatizar con esa persona, comprendiendo que no está siendo dueña de lo que dice ni de lo que hace, pues con su actitud y su conducta se está destruyendo a sí misma. Es decir, que al ser reactiva no es responsable de sus actos, con lo que no hemos de tomárnoslo como algo personal. Seguramente sería borde con cualquier otra persona que se hubiera puesto al teléfono... Por supuesto, todo esto es muy fácil de decir. El reto es ponerlo en práctica e ir aprendiendo por medio de los errores que vayamos cometiendo. Como todo en la vida, obtener resultados de satisfacción es una cuestión de compromiso y entrenamiento.

Pablo Príncipe hizo una pausa y continuó con su explicación:

—Me gustaría compartir con vosotros una revelación que tuve hace unos años. Hubo una época en la que un amigo tenía ciertos problemas personales y me pidió que me ocupara de su perrita durante unos meses. Se llamaba Hierbas. —Todos los asistentes se rieron—. Por lo visto, no supe educarla lo suficiente para adaptarla a su nueva rutina en mi piso. Lo digo porque al día siguiente de acogerla, entré en el salón por la mañana y vi un enorme excremento encima de la alfombra. Recuerdo que me enfadé muchísimo. Tanto, que empecé a gritar a la perra para que no lo volviera a hacer. Un cuarto de hora más tarde, todavía enfurecido, no me quedó más remedio que recoger sus heces, que seguían descomponiéndose sobre la alfombra, ajenas a mis quejas y lamentos. Y, cómo no, ese día me fui al trabajo bastante mosqueado.

»Pues bien, cada mañana sucedía lo mismo: me levantaba, veía la caquita de Hierbas, me enfadaba y terminaba recogiéndola de mal humor. Como veis, no eran sus heces la causa de mi enfado, sino la reacción impulsiva que se desataba al verlas sobre la alfombra de mi salón. De hecho, a lo largo de aquellas semanas, cada vez que pensaba en cómo sus excrementos estaban ensuciando mi alfombra, acababa sintiendo la misma irritación en mi interior. Finalmente, una mañana me desperté e intuí que la caca seguramente iba a estar de nuevo ahí, pues no podía meter a la perrita en ninguna otra zona de la casa. Así que, al corroborarlo con mis propios ojos, sonreí. De hecho, me puse a reír, pues me di cuenta de que aquella perra llevaba casi un mes haciendo sus necesidades en el mismo rincón de la alfombra. Era como si hubiera creado su propio váter... Tras recoger las heces, Hierbas me miró con el rabo entre las piernas y la acaricié cariñosamente. Después me fui a trabajar de muy buen humor. Ese día comprendí que mi experiencia, es decir, lo que siento en mi interior, no tiene tanto que ver con lo que me pasa, sino con la interpretación que hago y la actitud que tomo en cada momento frente a las cosas que me van sucediendo...

Tras unas risas iniciales, los empleados se quedaron de nuevo en silencio. Se miraban entre sí, sin saber exactamente qué preguntar o añadir.

REALIDAD E INTERPRETACIÓN DE LA REALIDAD

—Por si no os ha quedado claro, dejadme que os ponga otro ejemplo —continuó Pablo Príncipe—. Imaginaos un partido de fútbol entre el Barça y el Madrid. Estamos en el minuto noventa y el resultado es de empate a cero. De repente, un delantero del Madrid se mete en el área pequeña del Barça, choca con un defensa y se cae al suelo. Seguidamente el árbitro pita penalti a favor del Madrid. ¿Cómo creéis que reaccionarán y se sentirán los aficionados del Barça?

—Gritarán indignados que no es penalti, que el delantero del Madrid se ha tirado. También se pondrán nerviosos por miedo a perder el partido —contestaron varios empleados, seguidores del Fútbol Club Barcelona. Y uno de ellos lo hizo algo nervioso e indignado.

—¿Y los aficionados del Madrid?

—Todo lo contrario —respondió un trabajador simpatizante del Real Madrid, pícaro y sonriente—. Se pondrán muy contentos y cantarán, diciendo que el defensa del Barça le ha hecho falta, provocando un claro penalti... ¡Clarísimo además! —añadió con sorna.

—Fijaos que el hecho externo es el mismo —apuntó Pablo—. Digamos que es neutro y objetivo. Sin embargo, la interpretación que cada aficionado ha hecho de la realidad, de lo que ha sucedido, es totalmente subjetiva y depende de las creencias, los deseos y las expectativas con los que está identificado. Y por «identificado» me refiero a aquellas cosas que creemos que han de suceder para ser felices y sentirnos bien... De ahí que la mitad de aficionados haya visto penalti y se muestre contenta y la otra mitad haya visto que no era y se haya indignado. Lo curioso es que el delantero del Madrid finalmente falla el penalti y en tan solo un segundo cambia por completo el estado de ánimo y el humor de uno y otro bando...

Movido por su intuición, Pablo Príncipe decidió enfocar su disertación desde un nuevo punto de vista, menos racional y un poco más creativo.

—Si os parece —señaló—, voy a pintar un dibujo, que igual me servirá para explicar mejor la enorme diferencia que existe entre la realidad y la interpretación de la realidad... —Comenzó a dibujar en la pizarra una silueta. Al terminarla, se giró sonriente y preguntó—: Decidme, ¿qué veis?

Con rostros de incredulidad y decepción, varios alumnos respondieron al mismo tiempo:

—Un sombrero.

Seguidamente Bernardo Marín intervino en escena, con cierto tono de indignación:

—Después de todo lo que nos has estado contando, ¿cómo puede ser que nos preguntes algo tan obvio?

Pablo Príncipe no pudo evitar reírse. «Los adultos, a diferencia de los niños, siempre necesitan explicaciones», se dijo a sí mismo.

—¿Alguno de vosotros ha leído *El Principito*?

Casi todos los presentes levantaron la mano. Incluso el conserje lo había leído. Y Pablo, que jamás renunciaba a una pregunta importante, insistió:

—Pues entonces tratad de recordar: ¿qué veis?

De pronto se hizo de nuevo el silencio, hasta que un miembro del personal de limpieza exclamó, entusiasmado:

—¡Es una serpiente boa! ¡Es una serpiente boa! ¡Y tiene forma de sombrero porque se ha comido a un elefante y lo está digiriendo!

Bernardo Marín negó con la cabeza, reprimiendo sus ganas de reír. Y no fue el único. Eso sí, tan solo un par de personas, incluyendo el presidente, reconocieron en voz alta que efectivamente aquel dibujo representaba una serpiente boa digiriendo un elefante. El resto permaneció estático, como el sombrero, sin mostrar abiertamente la realidad que escondían en su interior...

—Perdona que te interrumpa, Pablo —intervino Manuela Marigorta—. Solo por curiosidad, ¿qué tiene que ver todo esto con nuestro día a día en el trabajo?

—Si sabemos extrapolarlo, tiene mucho que ver —respondió Pablo—. Cuando empezamos a revisar de qué dependen las interpretaciones que hacemos de la realidad, nos damos cuenta de que la verdadera causa de nuestro malestar o de nuestro bienestar no tiene tanto que ver con las cosas que nos van pasando, sino con nuestra manera de mirarlas e interpretarlas. Y son precisamente nuestras interpretaciones las que generan las reacciones emocionales negativas que tanto dañan nuestro interior o las respuestas conscientes y proactivas que tanto pueden sanarlo.

»Sin ir más lejos, recuerdo que una vez estaba paseando por una ciudad de Madagascar cuando de pronto se puso a llover. Y cada vez con más fuerza. Fue como si el cielo se cayera sobre la tierra. Pues bien, me refugié bajo los toldos de un mercadillo, donde me encontré con un grupo de turistas. Lo curioso fue que mientras las fruteras y los pescaderos malgaches celebraban y bendecían alegremente que la lluvia cayera con fuerza, los turistas comenzaron a ponerse de mal humor, maldiciendo su mala suerte por no poder seguir con su plan organizado. Si os fijáis, la lluvia era la misma para todos. Podemos decir que apareció como un elemento neutro y objetivo en nuestro quehacer cotidiano. Sin embargo, mientras los empleados del mercado respondieron poniendo su mejor cara, los turistas se quejaron y victimizaron por las molestias que esta podía estar causándoles a la hora de seguir con su rutina. Analizándolo más detenidamente, nos damos cuenta de que no podemos cambiar ni controlar lo que nos sucede (como, por ejemplo, que de repente se ponga a llover), pero sí podemos aprender a modificar nuestra actitud frente a este tipo de hechos, cultivando la sana y constructiva proactividad en detrimento de la venenosa y destructiva reactividad.

Jordi Amorós asintió con la cabeza, reflexivo. El resto de empleados también permaneció en silencio, absorbiendo y procesando toda la información que estaban recibiendo de la mano de su entregado profesor.

LA TIRANÍA DEL EGOCENTRISMO

Pablo Príncipe se volvió hacia la pizarra y escribió una palabra en mayúsculas: EGOCENTRISMO.

—Este es el quid de la cuestión. El egocentrismo es la causa última de todo el sufrimiento humano, de todos los problemas y conflictos que mantenemos los unos con los otros, convirtiéndonos en prisioneros de nuestra reactividad y en víctimas de nuestras circunstancias. Debido al egocentrismo, nos es muy difícil desarrollar la proactividad y, en consecuencia, la responsabilidad de adoptar la mejor actitud y el mejor comportamiento frente a cualquier circunstancia. De ahí que, aunque no los elijamos voluntaria y conscientemente, la insatisfacción y el malestar protagonicen gran parte de nuestros estados de ánimo cotidianos. Y no es para menos. Cuanto más egocéntricos somos, más solemos reaccionar impulsiva y negativamente cada vez que sucede aquello que no nos gusta que suceda... Y esto es algo que ocurre con mucha frecuencia, ¿no es cierto?

Bernardo Marín asintió rotundamente.

—Pues bien, el egocentrismo, que tanto conflicto y malestar provocan en nuestra vida y en la de los demás, es fruto de vivir bajo la tiranía de nuestros dos mayores enemigos. El primero es la ignorancia. Es decir, no saber quiénes somos, qué necesitamos y de qué manera podemos relacionarnos de una forma más pacífica y armoniosa con los demás. Y el segundo es la inconsciencia, que se caracteriza por no querer saberlo, mirando hacia otro lado, sin darnos cuenta de las consecuencias que tienen nuestro pensamiento, nuestra actitud y nuestro comportamiento sobre nosotros mismos y sobre las personas con las que nos cruzamos en nuestro día a día.

»Si nos fijamos —continuó—, muchos de nosotros, por no decir la gran mayoría, somos egocéntricos: queremos que la realidad se adecúe constantemente a nuestros deseos y expectativas, causándonos grandes dosis de malestar y sufrimiento cuando no lo conseguimos. Y en vez de darnos cuenta de que somos nosotros los únicos responsables de lo que experimentamos, solemos asumir el rol de víctimas, culpando a los demás o a la vida de lo que nos pasa... Tanto es así que se dice que el ser humano es el único animal que tropieza no dos, sino mil veces con la misma piedra. ¡Y encima echa la culpa a la piedra! De hecho, esta es la verdadera "inmadurez".

—Por favor, Pablo, ¿podrías ponernos algún ejemplo cotidiano de egocentrismo? —preguntó Manuela Marigorta, que no dejaba de tomar notas en su libreta.

—Somos egocéntricos cuando salimos por la mañana con nuestro coche y damos por sentado que el resto de conductores nos van a dejar pasar en todas las intersecciones, no van a cruzarse por nuestro camino y no van a frenar de repente delante de nosotros. Y digo que lo damos por sentado porque cuando no nos dejan pasar, se nos cruzan o frenan con brusquedad, solemos reaccionar negativamente. A veces nos enfadamos e incluso les gritamos, empezando así lo que puede convertirse en un mal día... Lo curioso es que cuando somos nosotros quienes no dejamos pasar a los demás conductores o nos cruzamos y frenamos de la misma forma de la que nos quejamos, siempre tenemos una excusa o razón que justifica estas maniobras. Así, cuando los demás nos lo hacen a nosotros nos lo tomamos como un agravio personal, pero cuando nosotros se lo hacemos a los demás se trata de un accidente sin importancia, que además suele estar más que justificado...

—*Touché* —sonrió el presidente—. Supongo que lo contrario de vivir egocéntricamente es hacerlo con más objetividad... La circulación en la ciudad es la que es y no hay forma de cambiarla. Por tanto, la mejor opción es adaptarnos en cada instante a la conducción de los demás, un esfuerzo que sí está a nuestro alcance.

—Sí, más que nada porque, al igual que nosotros, los demás también lo hacen lo mejor que pueden —añadió Verónica Serra, guiñándole un ojo a Pablo—. Yo por lo menos no freno a propósito para fastidiar al de atrás. Y si yo no lo hago, ¿por qué iban a hacerlo los otros conductores?

Bernardo Marín levantó la mano y añadió:

—¡Maldito seas, Pablo! Y yo que pensaba que solo los ricos y los famosos podían permitirse el lujo de ser egocéntricos... Que sepas que este curso me está removiendo muchas cosas. Ahora ya no sé quién soy ni hacia dónde voy ni nada de nada —bromeó, con el rostro muy serio.

Todos se rieron. Pablo Príncipe el que más.

EL PODER DE LA ACEPTACIÓN

—Sé lo que estás sintiendo, Bernardo. Lo que está removiéndose dentro de ti son tus viejas creencias. Pero tranquilo. Forma parte del proceso de autoconocimiento. Para construir lo nuevo primero hay que deshacerse de lo viejo. O dicho de otra manera: para aprender a veces primero hemos de desaprender... En este curso estamos viendo de qué manera podemos ser más eficientes a la hora de gestionarnos a nosotros mismos y de relacionarnos con lo que nos sucede. El mayor reto de nuestra vida consiste en aprender a aceptar a los demás tal como son y a fluir con las cosas tal como vienen. Y aceptar no quiere decir estar de acuerdo. Aceptar tampoco significa reprimirse o resignarse. Ni siquiera es sinónimo de tolerar. Y está muy lejos de ser un acto de debilidad, pasotismo, dejadez o inmovilidad. Más bien se trata de todo lo contrario... La verdadera aceptación nace de una profunda comprensión y sabiduría, e implica dejar de reaccionar impulsivamente para empezar a dar la respuesta más efectiva frente a cada persona y ante cada situación. Sobre todo porque aquello que no somos capaces de aceptar es la única causa de nuestra reactividad, es decir, de nuestra negatividad, de nuestro malestar y de nuestro sufrimiento...

—Aquello que no somos capaces de aceptar es la única causa de nuestro sufrimiento —repitió en voz alta Manuela Marigorta mientras escribía esta frase en su libreta.

—Haces muy bien en apuntarla, Manuela. —Y mirando al grupo, añadió—: Os animo a todos a que os repitáis este aforismo cada día cien veces, por la mañana, al mediodía, por la noche... Os lo podéis decir mentalmente cuando salgáis de casa con el coche. Cuando vayáis a recoger a los niños al cole. Y, sobre todo, cuando vayáis al despacho del jefe. Como sabéis, los jefes suelen ser grandes maestros en nuestra vida. Sin que se den cuenta, nos permiten entrenar nuestro desarrollo personal.

No hubo ni un solo empleado que no se acordara de Ignacio Iranzo. Muchos de ellos lo hicieron, por primera vez, con un poco de empatía y cariño.

—Practicar la aceptación nos permite vivir preservando nuestro bienestar y nuestra paz interior —añadió Pablo—. Al aceptar lo que sucede dejamos de reaccionar, pudiendo elegir de forma consciente nuestra actitud y nuestro comportamiento en cada momento. En eso consiste precisamente ser dueños de nosotros mismos. Y una vez más me gustaría recordar que, como cualquier otro concepto relacionado con el crecimiento personal, la conquista de la aceptación jamás nace de la comprensión intelectual, sino que es como un músculo que se desarrolla a través de la puesta en práctica diaria... Para saber lo que significa la aceptación, así como los beneficios que trae consigo, es imprescindible e inevitable entrenarla. ¿Alguna pregunta?

LA FUNCIÓN DE LAS CRISIS EXISTENCIALES

Después de una breve pausa para que los asistentes pudieran ir al baño o tomarse un café Pablo Príncipe retomó las riendas del curso.

—Un momentito, Pablo —intervino el conserje, que llevaba un buen rato frunciendo el ceño—. Antes de continuar, me gustaría que me resolvieras un par de dudas.

—Por supuesto, Bernardo. ¿De qué se trata?

—Llevo pensando un buen rato en todo lo que nos estás explicando, pero no acabo de verlo claro... ¿Insinúas que tengo que aceptar que los demás puedan faltarme al respeto o tratarme con desprecio? ¿Me estás diciendo que he de aceptar este tipo de conductas tan negativas? ¿Es eso lo que me quieres decir? Te lo pregunto porque a mí personalmente me supondría un esfuerzo enorme y ahora mismo no encuentro ninguna motivación para hacerlo...

—Muy interesante lo que comentas, Bernardo —respondió Pablo—. Sin embargo, la paradoja es que no se trata de cambiar nuestra reactividad por los demás, sino por nosotros mismos. Sobre todo porque con el tiempo esta actitud egocéntrica y victimista nos encierra en un peligroso círculo vicioso, en el que el miedo, la ira y la tristeza crónicos suelen ser la antesala de la depresión...

»Eso sí —añadió Pablo—, debido a nuestra resistencia al cambio solo nos atrevemos a cuestionar nuestra manera de entender la vida cuando llegamos a una saturación de malestar. Tanto es así, Bernardo, que el sufrimiento es el estilo más común de aprendizaje entre los seres humanos. Es la antesala de la denominada "crisis existencial", un proceso psicológico que remueve los cimientos sobre los que se asientan nuestras creencias y nuestros valores, posibilitando la evolución de nuestro nivel de consciencia.

—Yo sé de lo que habla, Bernardo —intervino el presidente—. Como sabéis, desde que sobreviví a aquella experiencia cercana a la muerte estoy inmerso en una profunda crisis que me está cambiando de arriba abajo...

Pablo sonrió.

—Si no fuera así, dudo mucho de que me hubieras contratado. —Todos se rieron a carcajadas, incluido, por supuesto, el presidente—. Por profundizar un poco más en esta idea —prosiguió Pablo Príncipe—, tan solo deciros que la función biológica del sufrimiento es hacernos sentir que nuestro sistema de creencias es ineficiente y que, por tanto, está obstaculizando nuestra capacidad de vivir en plenitud. Es por eso que la adversidad y el sufrimiento nos conectan con la necesidad de cambio y evolución. Es decir, con la honestidad, la humildad y el coraje de ir más allá de las limitaciones con las que hemos sido condicionados por la sociedad para seguir nuestro propio camino en la vida.

»Por eso se dice que las crisis existenciales son la mejor oportunidad que nos brinda la vida para dejar de engañarnos y salir de la zona de comodidad en la que llevamos años instalados... Y estas crisis no tienen nada que ver con la edad, la cultura ni la posición social. De hecho, están latentes en cualquier persona que no se sienta verdaderamente feliz ni satisfecha con su existencia. De ahí que en realidad sean una maravillosa ocasión para atrevernos a crecer, cambiar, evolucionar y, en definitiva, a empezar a responsabilizarnos de nuestra propia vida, de nuestras decisiones y de los resultados derivados de estas... A esto se le viene llamando "madurez", la cual no tiene nada que ver con la edad física, sino con la edad psicológica: la verdadera experiencia nace del aprendizaje y la transformación, no de los años vividos.

—A ver si te he entendido bien, Pablo —intervino de nuevo el conserje, rascándose la papada—. ¿Me estás diciendo que cada vez que tengo miedo, me enfado o me pongo triste el que está creando estas emociones negativas en mi interior soy yo? ¡¿Es eso lo que me estás queriendo decir?!

—Sí, Bernardo. Aunque al principio te cueste aceptarlo, tú eres el único responsable de lo que experimentas. Ante cualquier circunstancia y sea por el problema que sea, si eres tú el que sufre, tú eres el único que lo estás creando y, por tanto, el único que puede solucionarlo... Porque no se trata de cambiar lo externo, que escapa a nuestro control, sino de transformar lo interno, que sí está a nuestro alcance. Poco a poco y día tras día, por medio del conocimiento, la comprensión y la aceptación de nosotros mismos, crecemos y evolucionamos, cambiando nuestra manera de ver y de interpretar lo que nos sucede.

Seguidamente, Manuela Marigorta se atrevió a verbalizar una inquietud que llevaba un buen rato rondando por su cabeza:

—¿Por qué hay personas que no aprenden del sufrimiento?

Y su pregunta hizo que casi todos los presentes se acordaran, casi al unísono, del director de operaciones Ignacio Iranzo.

¿Qué es lo que cambia cuando una persona cambia?

—Sin duda alguna, el mayor obstáculo que nos impide aprender, crecer y evolucionar es quedarnos anclados en el papel de víctima. Y a pesar de ser una actitud totalmente ineficiente, hay quien afirma incluso que el victimismo es la filosofía dominante en nuestra sociedad. Lo cierto es que para algunas personas es demasiado doloroso reconocer que son ellas mismas las responsables de lo que experimentan en su interior, así como de la forma en la que están gestionando su propia vida. De hecho, muchos psicólogos constatan que la mayoría de seres humanos viven enajenados de sí mismos, de su mundo interior. Por eso es tan común el miedo a mirar hacia dentro, así como la búsqueda constante de evasión, narcotización y entretenimiento con la que llenar desesperadamente el vacío existencial. Pero, como hemos visto, se trata de una actitud inconsciente, ineficiente e insostenible, pues ninguno de nosotros puede huir eternamente de sí mismo. Lo curioso es que, a pesar de no llevar una existencia plena, para muchas personas todavía es superior el miedo al cambio que la necesidad de conectar con la confianza y el coraje que les permitirían salirse de su zona de comodidad.

Bernardo Marín volvió a rascarse la papada y afirmó:

—Aunque no sabes cuánto me fastidia reconocerlo, intuyo que hay cierta coherencia en lo que dices. Si te soy sincero, hay una parte de mí a la que le da miedo e incluso le molesta que todo esto que nos estás contando sea verdad...

—Te agradezco tu sinceridad, Bernardo. Y no te preocupes por lo que sientes en estos momentos. También forma parte del proceso de cambio y crecimiento personal. En este punto, me gustaría añadir que cuanto más nos desarrollamos por dentro, más sabia y objetiva es nuestra manera de relacionarnos con nuestras circunstancias externas, dejando de reaccionar negativamente frente a lo que nos sucede. Así es como nuestro grado de malestar se va desvaneciendo, al tiempo que va emergiendo un bienestar que ya está dentro, pero cuyo contacto hemos ido perdiendo al acumular tantas experiencias de dolor y sufrimiento.

—Perdona, Pablo —intervino Alicia Oromí—, pero ¿qué es exactamente lo que cambia cuando una persona cambia?

—Lo que cambia es su paradigma.

Por más que el presidente ya hubiera escuchado este concepto con anterioridad, seguía sin comprenderlo. Y antes de que pudiera volverle a preguntar en qué consistía exactamente, Bernardo Marín se le adelantó de forma reactiva:

—¿Su qué has dicho?

—Su paradigma, que quiere decir la manera en la que se ve, se comprende y se actúa en el mundo. Así, el cambio de paradigma suele vivirse como una profunda revelación, como si se produjera un clic en nuestra cabeza. Hay quien lo denomina «el despertar de la consciencia», pues nos permite vivir desde una nueva comprensión, recuperando el contacto con nuestra esencia humana, con las cosas que de verdad importan. El cambio de paradigma hace de puente entre el victimismo y la asunción de la responsabilidad. Y lo cierto es que al responsabilizarnos de lo que experimentamos recuperamos el entusiasmo de crear nuestra vida instante a instante, algo que constantemente están haciendo los niños. Ellos son los grandes maestros en el arte de vivir. Aunque parezca mentira, nosotros, los adultos, podemos aprender a hacerlo de forma consciente. Una vez trascendemos las limitaciones con las que nuestra mente ha sido condicionada, nos damos cuenta de que tenemos la capacidad de desplegar toda nuestra imaginación para ver las cosas desde otro punto de vista. Es entonces cuando podemos disfrutar de la vida con el corazón. De hecho, esa es la esencia de cualquier juego. La gran diferencia entre los niños y los adultos es que ellos se permiten jugar y nosotros no.

Nada más acabar con su disertación, todos los asistentes se quedaron en silencio, pensativos. Y viendo que nadie decía nada, Pablo dijo al fin:

—Bueno, si os parece bien, lo dejamos por hoy.

En ese preciso momento Bernardo Marín se levantó de su asiento con fuerza y decisión. Todos los demás se lo quedaron mirando, esperando lo peor. Pablo lo miró a los ojos con cariño, pero el conserje empezó a fruncir el ceño y a negar con la cabeza. Y solo unos segundos más tarde, en el rostro de Bernardo se dibujó una enorme sonrisa. Seguidamente comenzó a aplaudir con todas sus fuerzas, completamente fuera de sí. Poco a poco el resto de participantes se puso en pie, uniéndose a su aplauso espontáneo. Y la ovación se prolongó durante varios minutos. El mensaje de Pablo Príncipe había tocado el corazón de todos y cada uno de ellos.

VI. La patología del éxito

Casi cuatro años antes de impartir el curso de autoconocimiento, Pablo Príncipe ridiculizaba todo lo relacionado con el crecimiento personal. En su fuero interno lo demonizaba. Sobre todo porque creía que era una forma más de escapar y de evadirse de la cruda realidad. Pero estos pensamientos tan solo ponían de manifiesto su profundo malestar interno. A sus veintisiete años, todavía no había aprendido a ser feliz por sí mismo ni a sentir paz en su interior. Por eso seguía luchando contra los demás.

Agotado y de mal humor, fue el último en llegar a la reunión familiar organizada en casa de los Príncipe. Aquella noche celebraban el cumpleaños de su madre, Victoria, la cual había fallecido nueve años atrás. Su marido, Pepe Príncipe, llevaba desde entonces tratando de mantener vivo su recuerdo entre sus cuatro hijos. Sin embargo, entre plato y plato solía beberse, él solo, tres cervezas, un whisky con hielo y media botella de vino tinto. Y como si formara parte de la tradición, al día siguiente se levantaba triste, cansado, con resaca y sin memoria.

Por aquel entonces, Pablo Príncipe seguía en guerra con su familia. Desde hacía unos cuantos años, el apellido era lo único que compartía con sus tres hermanos: Gregorio, Santiago y Sebastián, de treinta y tres, treinta y uno y veintinueve años, respectivamente. El primero trabajaba como contable. El segundo se dedicaba a la promoción inmobiliaria. Y el tercero era abogado mercantilista. Los tres estaban casados y pagaban religiosamente la hipoteca de su vivienda. Pablo, por su parte, no soportaba el mundo de las finanzas, no creía en el matrimonio y solía condenar la contratación de hipotecas por considerarlas «una sutil y perversa forma de esclavizar a la gente». Emocionalmente, estaba tan lejos de sus hermanos que incluso entraba en conflicto al hablar del tiempo con ellos.

Nada más poner un pie en el salón, Pablo fue aplaudido por sus tres hermanos y por su padre, que estaba apurando su cuarta cerveza.

—¡Ese es mi chico! —exclamó Pepe Príncipe—. ¡Brindo por tu impuntualidad y por tu traje de camarero!

Los cuatro estallaron en carcajadas mientras Pablo soltaba un largo resoplido, negando con la cabeza.

—Si puede ser —refunfuñó—, esta noche intentad no ser demasiado vosotros mismos. Estoy muy cansado y no me veo con fuerzas para aguantar vuestras estupideces...

Seguidamente, sus tres hermanos mayores comenzaron a corear al unísono:

—¡Ea, ea, ea, Pablito se cabrea! ¡Ea, ea, ea, Pablito se cabrea!

«Me pregunto qué he hecho para merecer esto», se lamentó para sus adentros.

Sentados en la mesa, guardaron un minuto de silencio en memoria de Victoria, tras el que comenzaron a devorar como animales una lasaña boloñesa.

—Por cierto, Pablito, felicita a tu hermano Gregorio —le ordenó su padre—. Se ha convertido en un importante hombre de negocios. Ayer lo nombraron director financiero. Y eso implica un aumento considerable de

sueldo. ¡¿Qué te parece?! ¡Eh! Y va a tener su propia secretaria... Brindo por eso.

Gregorio levantó su copa y asintió muy serio, mirando
por encima del hombro a sus hermanos.

—Gracias, papá. Aunque he tardado un par de años
más de lo previsto, tengo todo lo que cualquier hombre
podría desear: dinero, éxito y una mujer que me espera en
casa cada noche para cenar. Solamente espero poder pa-
gar lo que me queda de hipoteca antes de los cuarenta...

—No te exijas tanto, hijo mío, que estás poniendo el
listón muy alto a tus hermanos.

Pepe Príncipe se quedó mirando en silencio a su hijo
menor, que empezó a temer la pregunta de siempre:

—Y tú, Pablito, ¿cuándo crees que llegarás a ser director de algo? No sabes las ganas que tengo de que me des
una alegría.

—No creo que eso suceda nunca, papá —afirmó, mi-
rándole fijamente a los ojos—. Para eso tendrías que valorar algo que no se mida con dinero.

—No empieces, Pablito —intervino Santiago—. Todos sabemos que tienes una escala de valores diferente a la
nuestra. Estamos cansados de oírte hablar de la búsqueda
de sentido y de la felicidad... Por favor, ¿por qué no finges
que estás a gusto con nosotros y así podemos tener la fies-
ta en paz? Si has tenido un mal día, te aguantas. Bienvenido al mundo real.

—¡Qué día ni qué leches! —respondió Pablo, con rabia en el corazón—. ¡Si lo único que hago desde que me
levanto hasta que me acuesto es trabajar en algo en lo que
no creo! Y al llegar a casa estoy tan destrozado mentalmente que solo me apetece evadirme de lo insoportable
que es mi vida viendo la basura que ponen por la tele.

—¡No sé de qué te quejas, Pablito! —gritó su padre—.
¡Así es la vida! Yo llevo casi cuarenta años trabajando en

la misma empresa. ¡Y todavía me quedan unos cuantos más!

—Pero ¿qué te has creído, Pablito, que estamos aquí solo para hacer lo que nos gusta? —añadió Sebastián—. A ver si te enteras de una vez: vivimos en el sistema capitalista, no en el planeta del Principito... Conténtate con poder ganar dinero y divertirte los fines de semana. ¿Cómo puedes seguir siendo tan ingenuo e idealista?

—Si tu madre levantara la cabeza —susurró Pepe Príncipe, negando con la cabeza—. ¡Qué disgusto le darías!

—No metas a mamá en esto.

—¿Por qué has tenido que salir tan complicado? —insistió su padre—. Fíjate en todos tus amigos de la universidad. Tienen tu misma edad y ya han hecho carrera dentro de sus empresas. Me consta que se ganan bien la vida, están casados y algunos ya tienen su propio piso. ¿Tanto te cuesta vivir como una persona normal?

—Sé que te va a ser imposible comprenderlo, papá, pero llevar una vida normal es el problema, no la solución —afirmó Pablo, levantando el brazo en alto.

—¡Hombre! ¡Ya tardaba en salir el filósofo! —se burló Pepe Príncipe, haciendo reír a sus otros tres hijos—. Suerte que no te dejé estudiar filosofía ni psicología... Ya me dirás tú de qué te ha servido leer y comerte tanto el coco... ¡Así de raro nos has salido!

El corazón de Pablo bombeaba ira a doscientos por hora. Se levantó con brusquedad de la silla y con lágrimas en los ojos les hizo una confesión:

—No pensaba sacar hoy el tema por respeto a mamá... Pero ahora mismo me da todo igual. ¡Estoy harto de vosotros! ¡De vuestra mediocridad! Que sepáis que voy a despedirme del trabajo. He decidido dejar de vivir como un esclavo.

De pronto se hizo el silencio. Y más que incómodo, fue

realmente molesto. Pablo se alejó de la mesa del comedor y se dirigió hacia la puerta. Sus tres hermanos se quedaron con la boca abierta, por donde asomaban restos de lasaña boloñesa. Su padre fue el primero en reaccionar:

—¡¿Qué?! ¡Te has vuelto loco! ¡Ni hablar! ¡¿Acaso no sabes lo dura que es la vida?! ¡¿Es que no tienes ni idea de lo difícil que es encontrar un buen trabajo hoy en día?! Además, ¡menuda vergüenza! ¡No permitiré que ningún hijo mío figure en la lista del paro!

Justo antes de salir de casa, Pablo le contestó, desafiante:

—Pues ya te puedes ir haciendo a la idea. A partir de ahora ni tú ni nadie va a decirme cómo vivir mi vida.

Al salir del edificio, Pablo Príncipe miró hacia el cielo y observó las estrellas. «Me pregunto si las estrellas están encendidas a fin de que cada uno pueda encontrar la suya algún día», pensó, sonriendo. Era la sonrisa de un hombre que acababa de dar su primer paso hacia la libertad.

VII. El aprendizaje es el camino y la meta

Sábado, 8 de febrero de 2003

—Bienvenidos a la segunda parte de este curso de introducción al autoconocimiento —comenzó diciendo Pablo Príncipe, dejando junto a la pizarra una mochila llena hasta los topes—. Muchas gracias por vuestra disposición a aprender y evolucionar como seres humanos. Es un regalo poder estar de nuevo con todos vosotros. Como siempre, os recuerdo que por favor no os creáis nada de lo que aquí se diga. En la medida de lo posible, verificad toda la información que recibáis a través de vuestra propia experiencia. Como sabéis, el crecimiento personal no tiene tanto que ver con lo que entendemos intelectualmente, sino con lo que nos atrevemos a experimentar con el corazón.

Todos los presentes sonrieron, sin decir nada. Y una vez más todos agradecieron la ausencia de Ignacio Iranzo, que no podía creer que el grupo estuviera dispuesto a repetir «semejante memez» por segunda vez. Y menos tratándose de una decisión libre y voluntaria, asistiendo a clase en pleno sábado. Lo cierto es que, de haber escuchado las palabras de Pablo, seguramente las hubiera ridiculizado o se hubiera puesto a la defensiva.

Aunque la actitud negativa de Ignacio empezaba a contrastar con la del resto de profesionales que formaban parte de la compañía, Jordi Amorós no sabía cómo afrontar la situación. Por el momento estaba centrándose en mejorar las condiciones laborales de los empleados. De esta manera podía posponer el inevitable plan de mejora personal especialmente diseñado por Pablo Príncipe para Ignacio Iranzo. Un plan que Pablo llevaba días queriéndole contar, pero de cuya explicación siempre había sido capaz de escaquearse. Si bien no le gustaba demasiado pensar en ello, intuía que tarde o temprano debería hacer algo al respecto. Ya no era por prudencia ni por respeto. El presidente temía enfrentarse a Ignacio Iranzo. De hecho, pasarían meses antes de que decidiera tomar cartas en el asunto. Lo peor estaba todavía por llegar...

***

—Supongo que a lo largo de este último mes habéis tenido la oportunidad de ver con más detenimiento vuestras reacciones emocionales, así como vuestra capacidad de responder ante lo que os sucede de una manera más consciente y constructiva —comenzó diciendo Pablo—. Antes de seguir, ¿alguien quiere comentar o preguntar algo al respecto?

Verónica Serra se arregló el pelo y levantó la mano con delicadeza. Y dirigiéndose al grupo, explicó:

—Tengo que reconoceros que estas últimas semanas me he observado con mucha más atención y os confirmo a todos que efectivamente... soy hiperreactiva. Cada vez que algún cliente no me trata como a mí me gusta ser tratada reacciono negativamente. Y lo mismo en mi vida personal, con mis padres y amigos íntimos... Mira que creía haber interiorizado lo que nos explicaste el mes pasado, pero no he podido evitar enfadarme o ponerme triste. Y eso que en alguna que otra ocasión me he dado cuenta de que no era lo que me decían los demás lo que me perturbaba, sino lo que yo interpretaba acerca de ello. Últimamente he descubierto que nadie puede hacerme tanto daño como mis propios pensamientos. Pero nada. No hay manera, Pablo. Sigo siendo esclava de mis reacciones emocionales...

Pablo Príncipe se acercó a Verónica Serra, puso la mano sobre su hombro y le regaló una sonrisa. Y mirándola a los ojos con ternura, le dijo:

—Te felicito, Verónica.

—¿A mí? ¿Por qué?

—Por ser tan humilde.

—Pero ¿de qué me sirve la humildad si sigo reaccionando?

—Es precisamente lo que te va a permitir trascender tus reacciones. De hecho, que ahora mismo sigas reaccionando frente a la vida no tiene importancia. No es bueno ni malo. Simplemente forma parte del proceso gradual de cambio y crecimiento personal. Piensa que venimos arrastrando muchos años de inconsciencia, reactividad e inercia... Y que la consciencia es como un músculo. Para obtener los resultados que deseamos de forma voluntaria necesitamos hacer uso de una información veraz y entrenar a diario. Es como en cualquier otro aprendizaje. Nadie nace sabiendo. Necesitamos practicar, cometer errores y seguir practicando. Y de forma natural, cada uno a nuestro ritmo, vamos mejorando nuestra competencia en el arte de vivir conscientemente. Con el tiempo, este músculo estará tan desarrollado que ya no nos supondrá tanta dificultad responder ante las circunstancias adversas de la vida de forma proactiva. Así es como va desapareciendo de nuestro día a día la reactividad y todas sus nocivas consecuencias. Además, hemos de tener en cuenta que este aprendizaje no es lineal. Es más bien en espiral. A veces hemos de dar un paso hacia atrás para poder dar dos hacia delante...

LA ASUNCIÓN DE LA RESPONSABILIDAD PERSONAL

»Lo más importante de lo que nos has contado —añadió Pablo Príncipe— es que estás asumiendo la responsabilidad por el enfado y la tristeza que experimentas en tu interior, en vez de victimizarte o culpar a los demás por ello. Y esta toma de consciencia es realmente maravillosa. ¿Cuánta gente que sufre crees que se responsabiliza de su sufrimiento? La verdad es que no mucha. Hace falta ser muy honesto, muy humilde y tener mucho coraje para dejar de engañarse y enfrentarse a la ignorancia y la inconsciencia... ¡Felicidades! La asunción de la responsabilidad personal es el primer paso para conquistar la auténtica libertad, que no tiene nada que ver con nuestras circunstancias externas. La libertad de la que os hablo es una experiencia interna. La alcanzamos cuando trascendemos las limitaciones de nuestra mente. Y la primera de todas ellas es creer que nuestro bienestar depende de algo externo, lo cual, como nos ha explicado Verónica, es mentira. Nuestra felicidad solo depende de nosotros mismos, de la interpretación y de la actitud que tomamos frente a nuestro destino. Es una conquista diaria. Y tiene mucho que ver con vivir conscientemente. Es decir, con valorar lo que tenemos, aprender de lo que nos sucede y disfrutar de cada instante.

Verónica Serra sonrió y asintió con la cabeza, haciendo un ademán de agradecimiento.

—Gracias a ti, Verónica —le respondió Pablo Príncipe—. Sigamos con la clase...

—Un momentito, Pablo —intervino el conserje—. No

pretendo ridiculizar ni oponerme a lo que estás diciendo. Te lo pregunto desde... ya sabes, desde la humildad. Cuando hablas de destino, ¿a qué te refieres?

Pablo Príncipe sonrió. Sin duda alguna, el conserje sabía dar en el clavo...

—Por destino me refiero a todas aquellas situaciones que van a sucedernos a lo largo de nuestra vida, y que tienen mucho que ver con nuestra manera de pensar, de ser y de actuar en el presente. Si bien no sabemos qué va a ocurrirnos, sí podemos comprometernos con aprender de lo que nos ocurre. Cuando asumimos esta responsabilidad terminamos por tomar consciencia de que la vida es una escuela y que los seres humanos somos estudiantes que hemos venido a aprender básicamente tres cosas: a ser felices por nosotros mismos, dejando de sufrir por lo que no podemos cambiar; a sentirnos en paz, dejando de reaccionar por lo que nos sucede; y a servir a los demás, yendo más allá del egocentrismo para dar lo mejor de nosotros mismos en cada situación y frente a cada persona.

»Y no solo eso —añadió—. A raíz de este maravilloso proceso de aprendizaje concluimos que nuestra existencia no está gobernada por la suerte, el azar ni las coincidencias, sino por la sincronicidad. Todo lo que ocurre tiene un propósito, una razón de ser. Pero como todo lo verdaderamente importante, no podemos verlo con los ojos ni entenderlo con la mente. Esta profunda e invisible red de conexiones tan solo puede intuirse y comprenderse con el corazón. Lo cierto es que cuando dejas de luchar contra la vida y haces las paces con ella, comprendes que no existen las casualidades, sino las causalidades. Es decir, que todos los sucesos que componen nuestra existencia están regidos por la "ley de la causa y el efecto", por la que terminamos recogiendo lo que sembramos, eliminando toda posibilidad de caer en las garras del inútil y peligroso victimismo. Y esto no es algo nuevo. Se trata de un mensaje universal que se viene repitiendo desde hace miles de años. Eso sí, por favor, no te creas nada, Bernardo. Verifícalo por ti mismo. Mi invitación es que abras tu mente y te permitas jugar y explorar como un niño. Esa es la actitud de cualquier buscador de la verdad.

El conserje se quedó pensativo. Y aunque no lo acababa de ver del todo claro, optó por permanecer en silencio y dejar que Pablo reanudara la clase.

—Si no hay más preguntas —dijo—, vamos a continuar. Lo que ahora nos interesa es detectar qué emociones son las que más aparecen en nuestro interior de forma reactiva para poder descubrir los pensamientos que las provocan. Y no está de más recordar que las emociones no son buenas ni malas; en vez de luchar contra ellas, podemos verlas como lo que en realidad son: información muy útil para conocer más en profundidad nuestro sistema de creencias. Pues bien. Vamos a profundizar un poco más en los tres grandes conflictos que se producen cada vez que interpretamos lo que nos sucede de forma egocéntrica. Mientras escucháis cada uno de ellos, tratad de ver con cuál os sentís más familiarizados...

Miedo, ira y tristeza

»Para algunos de vosotros —añadió—, la primera reacción impulsiva suele ser intelectual. Entre otras preocupaciones, tenéis miedo de pasarlo mal, de sufrir. Os asusta no ser capaces de superar los retos y adversidades, así como ser abrumados y traicionados por los demás. Y os inquieta no poder controlar ni predecir lo que os va a suceder. Buscáis apoyo y orientación para sentiros seguros y confiados y poder así convivir mejor con la incertidumbre. Y a menudo sois víctimas del temor, la ansiedad, la confusión, la cobardía, la indecisión y la inseguridad, lo que pone en evidencia vuestra falta de confianza.

El rostro de Manuela Marigorta se puso rojo como un tomate. Le ardían las orejas. Y para disimular, comenzó a mirar hacia el techo de la Sala de Máquinas.

—Para otros —continuó Pablo Príncipe—, vuestra primera reacción impulsiva es más bien visceral. Entre otras perturbaciones, os sentís agredidos por los demás y por las cosas que os pasan. Os molesta lo que otros dicen. Y os enfurece lo que otros hacen. Queréis ser independientes, libres para hacer vuestro camino a vuestra manera. No os gusta que nadie os diga lo que tenéis que hacer. Sois muy susceptibles, vivís a la defensiva y a veces os reprimís para no entrar en conflicto. Sin embargo, os suele invadir la ira, la rabia, la agresividad, la irritación, la represión, el enfado y el mal humor, lo que indica que carecéis de serenidad.

Nadie dijo nada. Pero todos, incluido el presidente, se acordaron de Ignacio Iranzo.

—En cambio, para otros, la primera reacción impulsiva suele ser más emocional —añadió Pablo—. Entre otras estrategias, desarrolláis una imagen falsa para agradar a los demás. Vuestro mayor objetivo es ser aceptados y amados por las personas con las que os relacionáis. Por eso os duele que no os tengan en cuenta, necesitando que los demás valoren vuestra compañía. Y os entristece que no os ensalcen ni reconozcan vuestros logros. No os gusta pasar desapercibidos. Y, al no conseguirlo, caéis en las garras de la tristeza, la desesperación, la dependencia emocional, la melancolía, la desilusión y el sentimiento de fracaso, lo que pone de manifiesto vuestra falta de autoestima.

Pablo se quedó callado unos segundos, que resultaron

bastante incómodos para Jordi Amorós y Verónica Serra, que se sintieron bastante aludidos.

—A lo largo de este curso vamos a ir viendo qué hay detrás de cada uno de estos conflictos internos —apuntó Pablo—. De momento, simplemente quiero insistir en el hecho de que este tipo de reacciones impulsivas que tanto miedo, ira y tristeza nos generan surgen como consecuencia de interpretar lo que sucede de forma egocéntrica.

¿QUÉ ES, CÓMO FUNCIONA Y PARA QUÉ SIRVE EL EGO?

»Aunque digan mucho acerca de nosotros mismos —añadió—, estas reacciones forman parte de nuestro mecanismo de supervivencia emocional, coloquialmente llamado "personalidad" o "ego". Es como una nube negra que no nos deja ver con claridad y que nos separa de la verdad de lo que somos: nuestra esencia más profunda, cuyo contacto nos proporciona el equilibrio y la felicidad que andamos buscando afuera.

»Por decirlo de otra manera y para relacionarlo con todo lo que hemos venido explicando hasta ahora, el ego es nuestra parte inconsciente, mecánica y reactiva. Y bajo su influencia es como si lleváramos puestas unas gafas que limitan y condicionan todo lo que vemos, distorsionando nuestra manera de interpretar la realidad. Por eso, si no sabemos cómo funciona este mecanismo de supervivencia emocional, solemos vivir tiranizados por nuestro egocentrismo.

—Perdona, Pablo —intervino Manuela Marigorta—, ¿podrías explicarnos cómo se forma el ego y para qué sirve?

—Con mucho gusto, Manuela —respondió Pablo—. Como todos sabéis, los animales tienen un instinto de supervivencia físico. Ante una señal de amenaza y de peligro se ponen a la defensiva, listos para atacar, o huyen para conservar la vida. Pues bien. Los seres humanos también tenemos este instinto de supervivencia. Pero debido a nuestra complejidad, también contamos con un mecanismo de supervivencia emocional: el ego. Y esto se debe, sobre todo, a un potencial maravilloso que todos podemos desarrollar: la capacidad de ser conscientes de nosotros mismos. Por ejemplo, a diferencia del resto de animales, que beben agua por puro instinto, los seres humanos tenemos la posibilidad de elegir cómo hacerlo: podemos beber como animales, pero también podemos tomar sorbitos, ponerla en un vaso, echárnosla por encima de la cabeza, mojar a otra persona... Es decir, que al ser conscientes, tenemos la capacidad de elegir. Y no solo cómo beber agua, sino cómo comer, cómo pensar, cómo interpretar lo que nos pasa, qué hacer con nuestra vida... Como vimos el otro día, somos co-creadores y co-responsables de lo que somos y de lo que hacemos con nuestra existencia. En eso consiste la verdadera creatividad: podemos convertir nuestra existencia en una obra de arte.

—La creatividad consiste en hacer de nuestra vida una obra de arte —susurró para sí misma una consultora, que de tanto en tanto iba apuntando frases como esta en su libreta.

—Sin embargo —continuó Pablo Príncipe—, mientras que la mayoría de animales se valen por sí mismos a los pocos días de nacer, sobreviviendo gracias a su instinto de supervivencia, los seres humanos necesitamos bastantes años de vida para empezar a valernos por nosotros mismos. Y mientras no somos autosuficientes, ni física ni emocionalmente, necesitamos protegernos tras el mecanismo de supervivencia emocional. De hecho, solo podemos trascender el ego cuando nuestro cerebro está plenamente desarrollado, que es lo que nos permite ejercitar la capacidad de ser conscientes. Y, en consecuencia, de ser plenamente responsables de nuestra actitud y de nuestra conducta, alcanzando así la libertad de la que antes hablábamos.

»Así, nada más nacer, todos nosotros pasamos por un mismo proceso psicológico. —Pablo Príncipe extendió su brazo derecho, cerró el puño y añadió—: Al igual que el resto de creaciones de la naturaleza, todos nosotros nacemos como una semilla, que a su vez contiene un potencial que podrá desarrollarse a lo largo de nuestra vida. —Y señalando su puño, añadió—: Esta semilla es lo que somos en esencia. En ella está contenido todo lo que podemos llegar a ser. Pero al vivir en la inconsciencia más profunda, poco a poco se va envolviendo bajo el ego, que es un mecanismo que surge desde la misma esencia y que tiene la función de permitirnos sobrevivir emocionalmente al abismo que por entonces supone nuestra existencia. Por más cariño y protección que puedan habernos dado nuestros padres, durante los primeros años de nuestra vida empezamos a desarrollar una serie de traumas relacionados con la tragedia que supone salir del confortable y seguro útero materno. Me refiero a los sentimientos de rechazo y abandono, al miedo, a la vergüenza, a la ira, a la tristeza, a la impotencia, a la culpa... Todas estas heridas emocionales nos generan tanto dolor que nos encerramos todavía más bajo la coraza del ego, desconectándonos por completo de nuestra esencia. Hay quien dice que los primeros tres años de existencia nos marcan tan profundamente que necesitamos toda una vida para arreglarnos y ponernos en orden. Por suerte, gracias al autoconocimiento y el desarrollo personal, este inevitable proceso de integración se vuelve más corto, más rápido y también más apasionante y gratificante.

»En fin, lo cierto es que poco a poco nos vamos identificando con el ego, que a su vez va desarrollando una serie de patrones de conducta impulsivos y reactivos, que tienen la función de protegernos y defendernos del mundo que nos rodea. Y también de llamar la atención y lograr así más cuidados y amor por parte de nuestros padres. Como hemos visto, al vivir de forma inconsciente no somos capaces de darnos lo que necesitamos para sobrevivir emocionalmente. De ahí que creemos todo tipo de dependencias, delegando nuestro bienestar y nuestra felicidad en factores externos, empezando, cómo no, por la relación que mantenemos con nuestros progenitores.

»Con el tiempo —continuó Pablo—, el bebé se convierte en niño y es entonces cuando podemos ver el rostro del ego con mayor claridad. Así, por ejemplo, vemos cómo un chaval se tira a la piscina haciendo la bomba y nada más salir mira a su madre y le grita: "¡Mamá, mamá! ¿Me has visto?". Pero la madre, que está hablando con una amiga, no le hace ni caso. Y su actitud provoca que el niño se frustre. O, mejor dicho, que el ego del niño reaccione negativamente, creando la emoción de frustración en su interior. En vez de disfrutar y ser feliz por sí mismo, centrándose en lo que está a su alcance (tirarse a la piscina), ha delegado su felicidad en algo que no depende de él (que su madre le mire y le diga lo bien que se ha tirado a la piscina). Y esto es, a grandes rasgos, la consecuencia de habernos protegido durante tantos años bajo el ego.

»Por más que el paso del tiempo nos convierta en adultos, al seguir operando según los patrones inconscientes del ego, continuamos delegando nuestra autoestima, nuestra confianza y nuestra serenidad en aspectos externos, cuyo control no depende de nosotros, olvidando que la felicidad y el bienestar ya se encuentran en nuestro interior. Y no solo eso. Este ego, que solemos conocerlo como nuestra personalidad, contiene las creencias y los valores con los que hemos sido condicionados por la sociedad. Y dado que no conocemos nuestra verdadera identidad esencial, creemos erróneamente que somos nuestra personalidad. Como sabéis, etimológicamente la palabra "persona" significa "máscara". Y si bien vivir bajo una máscara nos protege y nos permite sentirnos más cómodos y seguros, nos genera una sensación de vacío y de insatisfacción crónica, impidiéndonos ser felices y amar a los demás. Lo cierto es que, debido al proceso de condicionamiento por el que todos pasamos, llegar a ser nosotros mismos es casi un acto heroico.

—Totalmente —intervino el presidente—. La sociedad se ha convertido en un teatro donde todos llevamos máscaras. Ni nos conocemos a nosotros mismos ni conocemos a los demás. ¡Demonios! ¡He tenido que estar a punto de morir para reconocer que durante toda mi vida he llevado una máscara puesta! ¿Cómo puede ser que la mayoría terminemos tan lejos de nosotros mismos, de nuestra esencia?

DIFERENCIA ENTRE INOCENCIA, IGNORANCIA Y SABIDURÍA

—Es parte del proceso psicológico. Por eso es tan necesario emprender la búsqueda de la verdad. Cada uno de la suya —respondió Pablo, con suavidad—. De hecho, los expertos en el campo de la psicología de la personalidad afirman que la creación de nuestra identidad atraviesa tres fases. La primera se conoce como el estado de «inocencia», que se produce desde que nacemos hasta los siete, ocho, nueve o diez años. Todo depende de lo avispado que sea cada niño. Cuando nacen, los bebés son como una hoja en blanco: limpios, puros y sin limitaciones ni prejuicios de ningún tipo. Al ver el mundo por primera vez, se asombran por todas las cosas que en él suceden. Ese es el tesoro de la inocencia. Tan solo hay que ver la cara que ponemos los adultos cuando miramos cómo juega un niño a nuestro alrededor. Solemos sonreír, disipando por unos momentos la nube gris que normalmente distorsiona nuestra manera de ver y de interpretar la realidad. Sobre todo porque es justamente ese asombro el que echamos de menos. Los niños nos recuerdan nuestra capacidad de ser felices en cualquier momento. Nos enseñan que el secreto se encuentra en nuestra actitud, la cual escogemos en cada instante. Ellos no piensan ni tienen metas que conseguir. ¡Simplemente juegan! De hecho, nuestro proceso de crecimiento, cambio y evolución pasa por aprender a mirar y aceptar la realidad tal como es, maravillándonos conscientemente de todo lo que nos ofrece, recuperando así el contacto con el niño que fuimos. Esto es lo que han venido repitiendo todos los místicos de la humanidad.

A todos los presentes se les iluminó la mirada, conectando por unos momentos con el niño que fueron.

—Pues bien —continuó Pablo Príncipe—. Durante nuestra infancia nos lo creemos todo. No importa quién nos lo diga y da igual qué nos digan. Nos lo creemos porque somos niños inocentes: no tenemos ninguna referencia con la que comparar o cuestionar la información que nos llega del exterior. Somos esponjas que lo absorbemos todo, sin preguntarnos si eso que absorbemos es realmente lo que nos conviene absorber. De hecho, hay quien afirma que el crimen más grande contra la humanidad es contaminar la mente de un niño inocente con falsas creencias que limiten y obstaculicen su propio descubrimiento de la vida. Y es que una cosa es el condicionamiento y otra bien distinta, la educación. Mientras el condicionamiento nos esclaviza, la auténtica educación tiene como finalidad liberarnos. Etimológicamente, uno de los significados de la palabra latina *educare* es «conducir de la oscuridad a la luz», es decir, extraer algo que está en nuestro interior, desarrollando así nuestro potencial humano. Así, la función de los padres no consiste en proyectar su manera de ver el mundo sobre sus hijos, sino en ayudarles para que ellos mismos descubran su propia forma de mirarlo, comprenderlo y disfrutarlo. Si lo pensáis detenidamente, ¿qué sentido tiene que nuestros hijos *deban* estudiar derecho o económicas si lo que les gusta es el arte y los proyectos sociales? ¿Qué sentido tiene que nuestros hijos *deban* trabajar once horas al día en una profesión que odian para ganar mucho dinero y ser respetados por los demás? ¿Qué sentido tiene que nuestros hijos *deban* jugar con soldaditos si prefieren las muñecas? ¿Qué sentido tiene que nuestros hijos *deban* convertirse en cristianos, judíos, musulmanes, hinduistas, budistas o lo que sea si no lo han escogido voluntariamente? ¿Qué sentido tiene que nuestros hijos *deban* seguir los dictados de la mayoría cuando anhelan descubrir su propio camino en la vida?

»Lo cierto es que la semilla que trae consigo cada niño al nacer queda sepultada bajo una gruesa capa de asfalto impuesta por la sociedad—afirmó—. A partir de aquí se produce la segunda etapa en el proceso de construcción de nuestra personalidad: la "ignorancia", que comienza durante la pubertad, una vez ya se ha conformado nuestro sistema de creencias. Al empezar a vivir en base a la programación con la que fuimos condicionados, nos sentimos profundamente inseguros y confundidos, lo que ocasiona la crisis de la adolescencia. Y no solo eso. En la medida que pensamos y funcionamos a partir de estas creencias ajenas, el condicionamiento inculcado se va consolidando en nuestra mente, formando así nuestra personalidad. Al repetirnos una y otra vez determinados mensajes e ideas escuchados en nuestra infancia sobre lo que hemos de ser, hacer y tener para ser aceptados como individuos "normales" por nuestra sociedad, finalmente terminamos convirtiéndonos en *eso* que creemos ser. Y lo cierto es que por más que nos duela reconocerlo, hay quien se queda anclado en esta fase el resto de su vida. Para muchos es superior el miedo al cambio que el malestar, el vacío, la tristeza y la ira que les ocasiona no convertirse en quienes han venido a ser. De ahí que "haya hombres que cultiven cinco mil rosas en un mismo jardín... sin encontrar lo que buscan. Y, sin embargo, lo que buscan podría encontrarse en una sola rosa o en un poco de agua". Pero, como sabéis, los ojos están ciegos. Es necesario buscar con el corazón —añadió Pablo Príncipe, mostrando su vertiente más poética, inspirada por Antoine de Saint-Exupéry.

»La tercera fase se denomina "sabiduría" y comienza el día que nos comprometemos con mirarnos en el espejo para cuestionar las creencias con las que de pequeños fuimos condicionados por la sociedad, removiendo pilares muy profundos de nuestro falso concepto de identidad. Gracias al autoconocimiento y el desarrollo personal podemos hacer consciente nuestro sistema de creencias, decidiendo voluntariamente qué nos gusta, qué nos sirve y qué nos conviene mantener de nuestra mentalidad, insertando nueva información y desechando la vieja. Es entonces cuando adquiere una enorme importancia confirmar la veracidad o falsedad de los dogmas que nos han sido impuestos. Más que nada porque la mentira es el alimento del ego, que tanto sufrimiento nos genera, y la verdad es lo que nutre nuestra esencia, que nos permite llenar nuestra mente y nuestro corazón de felicidad, paz y amor. Así, el viaje que propone el crecimiento personal es despertar nuestra consciencia dormida, detectando cómo funciona el ego para dejar de alimentarlo y recuperar el contacto con nuestra esencia, desde donde podemos disfrutar plenamente de la vida.

La curiosidad de Jordi Amorós crecía instante a instante. Su mente estaba llena de preguntas que solo podían responderse con el corazón. Consciente de ello, Pablo jugaba con las palabras para allanar a los alumnos el camino hacia las respuestas, que solo podían descubrir por medio de su propia experiencia.

LA FELICIDAD Y LA PAZ INTERIOR VIENEN DE SERIE

—Ahora que comprendo con más claridad por qué me convertí en la persona que he sido durante cincuenta y siete años —intervino el presidente—, me surge una nueva pregunta: ¿cómo podemos saber cuándo estamos interpretando la realidad de forma egocéntrica, desde el ego, y cuándo lo estamos haciendo desde la esencia, por así decirlo?

—Hay que partir de una premisa muy simple —dijo Pablo Príncipe—: que la salud, la satisfacción, el bienestar y la felicidad son el estado natural de nuestro ser, mientras que lo antinatural son la enfermedad, la insatisfacción, el malestar y el sufrimiento. A partir de ahí, tan solo hemos de escuchar las señales que nos manda nuestro cuerpo para saber si estamos alineados con lo natural y verdadero o con lo antinatural y falso. Dado que la realidad y todo lo que en ella acontece es objetivo y neutro, cada vez que experimentamos emociones como el miedo, la ira y la tristeza significa que nuestra interpretación ha sido egocéntrica y, por tanto, subjetiva, falsa y errónea... Por ejemplo, todos sabemos que al tocar el fuego nos quemamos. Pues bien, el dolor físico es la señal que nos advierte de que el fuego es dañino para nuestro cuerpo físico. Y gracias al dolor, no lo volvemos a tocar. Pues lo mismo pasa con el sufrimiento emocional. La experiencia del malestar es un indicador muy fiable de que nuestra manera de ver, comprender e interpretar lo que nos sucede es equivocada y, en consecuencia, ineficiente e insostenible. El malestar nos advierte de que la forma en la que estamos viendo las cosas es dañina para nuestra salud emocional. Por eso se aprende y se madura tanto a través del sufrimiento y de la enfermedad, pues son un camino para llegar a comprender cómo vivir alineados con nuestra verdadera naturaleza, entrando en contacto con un bienestar y una felicidad duraderos...

—Una pregunta, Pablo —intervino Alicia Oromí—. ¿Qué diferencia hay entre dolor y sufrimiento? ¿No son lo mismo?

—No, y es importante que aprendamos a diferenciarlos. Por ejemplo, si de pronto Bernardo se cansara de la clase, se levantara y me pegara una bofetada, está muy claro que sentiría dolor, ¿no?

—No me des ideas, no me des ideas... —bromeó el conserje.

Todos rieron.

—Pues bien. Mientras que el dolor es inevitable, el sufrimiento es opcional. Una cosa es que la bofetada me duela físicamente. Y otra bien distinta, que sufra emocionalmente por ello. Frente a la bofetada el ego me haría reaccionar, poniéndome a la defensiva, preparándome para devolvérselo. Está muy claro que podría enfadarme y canalizar mi enfado con Bernardo de forma agresiva. Pero, como hemos visto, lo importante no es lo que nos pasa, sino la interpretación y la actitud que tomamos frente a lo que nos pasa. Haciendo uso consciente de mi responsabilidad, es decir, de mi capacidad de dar respuesta, también podría simplemente aceptar el cachete, restándole importancia, o incluso riéndome de lo sucedido. En este caso habría decidido aguantar el dolor, renunciando al sufrimiento.

»Y lo mismo sucede, por ejemplo, con un dolor de cabeza. Yo puedo quejarme, maldecir mi mala suerte o luchar contra el dolor, provocándome así la experiencia del sufrimiento. O puedo simplemente aceptar que tengo dolor de cabeza, tumbándome en la cama para descansar o directamente tomarme una aspirina. Como veis, el dolor es siempre físico y el sufrimiento es siempre emocional: lo creamos en nuestra mente en función de lo que pensamos acerca de lo que nos sucede. Así que, lo queramos ver o no, sufrir es una elección personal.

CUESTIONAR EL SISTEMA DE CREENCIAS

Después de una pausa para estirar las piernas e ir al baño, el grupo reanudó el curso. La primera en intervenir fue Verónica Serra. Quería leerle una pregunta que en el descanso había escrito en su libreta.

—Perdona, Pablo, pero hay algo que no logro entender... Si todo lo que sucede es neutro y objetivo —leyó— y nuestra verdadera naturaleza es el bienestar y la felicidad, ¿por qué los seres humanos, y me señalo a mí misma la primera, tenemos la manía de interpretar las cosas que nos pasan de forma egocéntrica, haciéndonos daño a nosotros mismos constantemente?

—Gracias, Verónica. En mi opinión, acabas de dar con el quid de la cuestión —sonrió Pablo Príncipe, cuyo halago hizo que Verónica se ruborizara—. Hasta ahora hemos concluido que nuestro malestar, aunque sea una simple emoción negativa, aparece como consecuencia de pensar negativamente. Lo que nos hace sufrir no tiene nada que ver con lo que nos pasa, sino con lo que pensamos de lo que nos pasa. Así que nuestro esfuerzo no debe centrarse en cambiar nuestras circunstancias, sino nuestra manera de mirarlas e interpretarlas. Es decir, que el miedo, la ira y la tristeza que experimentamos cuando por ejemplo nuestro jefe no nos apoya, nos trata sin respeto o no reconoce nuestro trabajo, surge al interpretar estos hechos de forma egocéntrica. Como hemos dicho anteriormente, sufrimos al no ver cumplidos nuestros deseos y expectativas.

»Yendo un poquito más allá y respondiendo a tu pregunta, es interesante comprender que nuestras interpretaciones egocéntricas son una consecuencia de funcionar según una serie de creencias erróneas que nos limitan. Como hemos explicado antes, desde que nacemos somos condicionados por la influencia de nuestros padres en particular y de la sociedad en general, lo que con el tiempo va conformando nuestro sistema de creencias. Es como el traje que cubre el ego. Y a pesar de las buenas intenciones con las que fuimos condicionados, estas directrices están fundamentadas en la ignorancia y la inconsciencia heredadas de generación en generación... Basta con decir que detrás de cualquier experiencia de malestar se esconde una creencia limitadora, que a su vez condiciona nuestra manera de ver, comprender e interpretar lo que nos pasa...

—¿Podrías poner algún ejemplo? Es que no me ha quedado nada claro... —señaló Bernardo Marín.

—Por supuesto. Solemos creer que seremos felices cuando las cosas nos vayan bien, ¿no es cierto? Por eso nos centramos en todo lo que sucede fuera de nosotros mismos: intentamos triunfar a toda costa en el trabajo, queremos que los demás tengan una buena opinión de nosotros y tratamos de conseguir las cosas que deseamos.

Pues bien, ¿por qué hacemos todo esto? Porque en nuestro sistema de creencias se ha instaurado una idea errónea y limitante: que nuestra felicidad depende de circunstancias y factores externos... Sin embargo, la paradoja es que las cosas nos empiezan a ir bien cuando aprendemos a ser felices por nosotros mismos, mediante un firme compromiso con nuestro autoconocimiento y desarrollo personal. Y este proceso pasa irremediablemente por cuestionar nuestras creencias, que en realidad son ideas, normas, valores y convenciones de segunda mano...

Pablo Príncipe hizo una pausa y añadió:

—Además, este cuestionamiento es el que nos llevará a conocer la verdad.

—No quisiera parecer pesado —dijo de pronto el conserje, provocando que algunos empleados suspiraran profundamente—. Pero es que ya ha salido varias veces... Cuando hablas de «conocer la verdad», ¿a qué te estás refiriendo exactamente?

—Por «verdad» me refiero a toda aquella información que, puesta en práctica, nos permite obtener los resultados de satisfacción que deseamos obtener. Y hay tantos caminos para llegar a la verdad como seres humanos existen en este mundo. Con respecto al crecimiento personal, la verdad es la felicidad, la paz interior, el amor...

—El amor como comportamiento, ¿no? —señaló Bernardo, cómplice.

—Exacto —asintió Pablo—. Ahora me viene el recuerdo de mi larga estancia en Colombia, donde fui alumno de un gran maestro, el filósofo Gerardo Schmedling. Él solía explicar que «verdad es todo pensamiento que deja paz y armonía en nuestra mente y todo acto que deja paz y armonía en nuestro corazón». Así, mientras que la verdad es hija de la esencia, la mentira es hija del ego. Y para saber por cuál de las dos estamos optando en cada momento, basta con verificar cómo nos sentimos por dentro. Nuestra biología es muy sabia. Tan solo hemos de aprender a escucharla y comprenderla .

»Lo cierto es que detrás de cualquier experiencia de bienestar se hallan la comprensión y la sabiduría. Es decir, que frente a cualquier persona y ante cualquier situación, si somos capaces de mirar lo que nos sucede con más consciencia y objetividad, encontraremos la manera de que nuestra interpretación nos permita preservar nuestro equilibrio. Solo en base a este cambio interno podemos empezar a tomar externamente la actitud y la conducta más conveniente en cada momento. De ahí que sea tan importante cuestionar lo que nos han vendido como cierto y liberarnos de las mentiras que actualmente pueden estar contaminando nuestro sistema de creencias.

»Volviendo a los ejemplos anteriores, hay que dejar bien claro que no es la falta de apoyo de nuestro jefe lo que nos genera miedo. No es su falta de respeto la que nos crea ira. Y no es su falta de reconocimiento lo que nos hace sentir tristeza... De hecho, aquello que esperamos que nos den los demás y la vida es precisamente lo único que no nos estamos dando a nosotros mismos. ¡Nosotros somos lo único que falta en nuestra vida! ¿Acaso nos damos confianza? ¿Nos aceptamos y respetamos tal como somos? ¿Nos valoramos y reconocemos por lo que hacemos?

La mayoría de asistentes negó con la cabeza.

EL RETO DE AUTOABASTECERSE EMOCIONALMENTE

—Dejadme que insista —continuó Pablo—. Debido a nuestras carencias interiores, solemos creernos una de las grandes mentiras que preconiza el sistema en el que vivimos: que nuestro bienestar y nuestra felicidad dependen de algo externo. Esta es una de las falacias que más nos limitan, pues todo aquello que realmente necesitamos y que solemos buscar afuera tan solo nos lo podemos dar nosotros mismos mediante las cosas que nos decimos cada día. En eso consiste autoabastecerse emocionalmente. El secreto reside en detectar nuestras creencias erróneas y limitantes. Para lograrlo, hemos de ser conscientes y hacernos responsables de las interpretaciones que nos generan malestar. Solo así podemos ir poco a poco sustituyéndolas por verdades verificadas por nuestra propia experiencia, como que nuestro bienestar y felicidad tan solo dependen de nosotros mismos, de la manera en la que interpretamos lo que nos sucede. De ahí que todos los grandes sabios hayan repetido una y otra vez que la verdadera batalla no se libra fuera, sino dentro de cada uno de nosotros... —Pablo Príncipe se pasó las manos entre sus rizos dorados, respiró hondamente y apostilló—: ¿Alguna pregunta más?

Verónica Serra carraspeó suavemente. Dudó unos segundos y finalmente preguntó.

—Solo una cosita. Entiendo que todo lo que nos estás dando es teoría y que el reto es ponerlo en práctica... Pero es que a mí me cuesta mucho aceptar que los demás no tengan una buena opinión de mí. ¿Qué más nos puedes decir al respecto?

—Te comprendo perfectamente. La mayoría de nuestros conflictos emocionales tienen que ver con nuestras relaciones. De hecho, la imagen que los demás puedan hacerse de nosotros en base a sus valores y creencias es algo que al ego le suele costar mucho de aceptar. Pero lo cierto es que es algo que no podemos controlar. Forma parte de lo que se denomina «círculo de preocupación», es decir, todo aquello que no depende de nosotros. Por otro lado, nuestro «círculo de influencia» es lo que sí está a nuestro alcance, que en este caso es cómo nos vemos a nosotros mismos. Y esto es precisamente lo único que necesitamos para ser felices. Así, el ejercicio consistiría en recordarnos cada mañana, nada más levantarnos, que nuestra autoestima, nuestra confianza y nuestra paz interior solo dependen de nosotros y de nadie más.

»Y por si necesitáis más argumentos, dejadme que os cuente una fábula muy inspiradora que me contó Don Lucho, un chamán de la selva amazónica del Perú. Un hombre y su mujer salieron de viaje con su hijo de doce años, que iba montado sobre un burro. Al pasar por el primer pueblo, la gente comentó: "Mirad a ese chico tan maleducado: monta sobre el burro mientras sus pobres padres van caminando". Entonces, la mujer le dijo a su esposo: "No permitamos que la gente hable mal del niño. Es mejor que subas tú al burro". Al llegar al segundo pueblo, la gente murmuró: "Qué sinvergüenza es ese tipo: deja que la criatura y su mujer tiren del burro, mientras él va muy cómodo encima". Entonces tomaron la decisión de subirla a ella en el burro mientras padre e hijo tiraban de las riendas. Al pasar por el tercer pueblo, la gente exclamó: "¡Pobre hombre! ¡Después de trabajar todo el día, debe llevar a la mujer sobre el burro! ¡Y pobre hijo! ¡Qué será lo que les espera con esa madre!". Entonces se pusieron de acuerdo y decidieron subir al burro los tres, y continuar su viaje. Al llegar a otro pueblo, la gente dijo: "¡Mirad qué familia, son más bestias que el burro que los lleva! ¡Van a partirle la columna al pobre animal!". Al escuchar esto, decidieron bajarse los tres y caminar junto al burro. Pero al pasar por el pueblo siguiente la gente les volvió a increpar: "¡Mirad a esos tres idiotas: caminan cuando tienen un burro que podría llevarlos!".

En la recta final del curso, el presidente levantó la mano y dejó hablar a su corazón:

—Solo quería compartir que me estoy dando cuenta de que en esto del autoconocimiento todavía voy en pañales. —Su espontánea confesión provocó varias carcajadas—. Quería preguntarte algo: ¿qué más puedo hacer en mi día a día para ser más consciente de mis creencias limitadoras e interpretaciones subjetivas y dejar de ser tan reactivo?

—Gracias, Jordi —sonrió Pablo, cómplice—. En relación a tu pregunta, comentar que hasta ahora solo hemos dado información. Es decir, que hemos estado hablando y reflexionando sobre la importancia de ser conscientes para no ser víctimas del ego. Pero otro punto clave del desarrollo personal es la necesidad de cultivar nuestra energía vital, que es la que nos permite mantener un óptimo nivel de consciencia. Imaginaos que os despertáis por la mañana sin tiempo de desayunar. De camino a la oficina, no dejáis de pensar en la reunión que tenéis por la tarde, pues os toca presentar un importante informe a uno de vuestros mejores clientes. Al llegar al despacho, os enchufáis al ordenador y el teléfono móvil y empezáis a trabajar a tope. Estresados por no haber terminado el *power point* con el que realizaréis vuestra presentación, os dan las tres de la tarde y todavía no habéis comido. De pronto se os acerca vuestro jefe con cara de pocos amigos y os pregunta cómo lleváis el informe. ¿Cómo creéis que actuaréis frente a esta situación? ¿Reaccionaréis mecánica e impulsivamente, sin apenas posibilidad de dominar vuestra actitud y vuestra conducta? ¿O acaso seréis capaces de dar una respuesta serena, asertiva, confiada y consciente?

Manuela y Alicia se buscaron con la mirada y rieron con complicidad.

—Si de verdad somos coherentes con la consciencia que nos ha brindado nuestro proceso de autoconocimiento, inevitablemente empezaremos a cambiar ciertos hábitos de nuestro día a día —continuó Pablo—. De lo que se trata es de llevar un estilo de vida sano y sostenible, donde exista equilibrio entre el trabajo y el descanso, entre la actividad física y la relajación mental. De ahí que las empresas socialmente responsables estén poco a poco comprometiéndose en promover políticas y medidas que permitan a sus empleados conciliar la vida personal, familiar y profesional.

»Como ya hemos dicho —añadió—, la consciencia es el espacio que vamos creando entre lo que nos sucede y nuestra consiguiente reacción o respuesta. Cuanta menos energía vital, menos consciencia y más reactividad. En cambio, cuanta más energía produzcamos y acumulemos, mayor será nuestro nivel de consciencia y menor será nuestra impulsividad. De ahí que debamos identificar qué nos quita energía y qué nos la da. La neurociencia ha demostrado empíricamente que lo que más nos desgasta energéticamente es el pensamiento negativo. ¡Y ya no digamos lo que nos debilita tener una discusión o una bronca con otra persona! ¡Nos deja completamente vacíos! En cambio, practicar el pensamiento positivo llena nuestro depósito de energía. Sin duda, lo que más sube nuestro nivel de energía vital es estar a gusto con los demás en cualquier contexto y frente a cualquier situación.

—Y tú, Pablo, ¿qué haces para incrementar tu nivel de energía y conectarte con tu esencia? —le preguntó Manuela Marigorta.

—He descubierto que me hace mucho bien hacer ejercicio cada día, introducir en mi dieta la nutrición energética, pensar en positivo y dedicar un ratito cada día a meditar.

—¿Meditar, dices? —saltó Bernardo.

—Por meditar me refiero a aprender a conectarme conmigo mismo, tratando de anclarme en el momento presente. En mi caso, me va de maravilla irme a un parque, sentarme en un banco y no hacer nada. Tan solo respirar y relajarme. Lo que más me llena de energía es ver cómo juegan los niños. Al observarlos, me siento más cerca del niño que todavía llevo dentro... Eso sí, no hacer nada es un entrenamiento. Al principio recuerdo que me hacía sentir muy incómodo, pues entraba en contacto con mi ansiedad, con el dolor acumulado en el pasado... Pero poco a poco, tras muchas horas sentado, respirando y relajándome, fui conectando con una profunda paz interior, que hacía que me sintiera unido a todo lo que me rodeaba. Para mí, meditar es vivir en el presente. Y puedes hacerlo sentado, a oscuras y en silencio, o puedes incluso practicarlo mientras friegas los platos. Cuando aprendes a hacer uso de la mente de forma voluntaria y consciente te es mucho más fácil gestionarte a ti mismo, así como ser más eficiente en la manera de responder a la vida. Además, al dejar de perder energía empiezas a multiplicarla en tu interior, entrando en un círculo virtuoso. Solo con energía puedes ser consciente. Y solo cuando eres consciente puedes poner en práctica la sabiduría.

»Al empezar a gestionarnos más conscientemente a nosotros mismos, cultivando nuestra energía vital, entramos en la tercera parte del apasionante camino de aprendizaje que es el desarrollo personal. Tras la información y la energía viene el entrenamiento. Y eso es precisamente lo que vamos a hacer de ahora en adelante en esta organización. Si bien Jordi está muy comprometido con que gocéis de las mejores condiciones laborales posibles, yo tan solo os pido que contempléis la Sala de Máquinas como una maravillosa escuela de entrenamiento para dejar de reaccionar de forma egocéntrica y empezar a dar una respuesta más consciente a los retos y adversidades que vayan surgiendo cada día en vuestro trabajo. De hecho, si no te importa, Jordi, con tu permiso me gustaría rebautizar la Sala de Máquinas como la «Sala de Aprendizaje».

—Dalo por hecho —asintió el presidente.

EL ARTE DE LA COMPASIÓN

—Y aunque pueda pareceros absurdo lo que voy a deciros —señaló Pablo—, os invito a que veáis a nuestro consultor jefe, Ignacio Iranzo, como vuestro gran maestro. Al menos desde el punto de vista del crecimiento personal.

Los empleados se miraron unos a otros, con caras de incredulidad.

Y nada más decirlo, Jordi Amorós añadió:

—Como sabéis, Ignacio lleva unos meses muy descentrado. Y aunque ya lo intuía, ahora me doy cuenta de que está sufriendo muchísimo. Y claro, este sufrimiento le ha convertido en un esclavo del ego. Por eso es tan reactivo y está siempre de mal humor... Pero dinos, Pablo, ¿qué es lo mejor que podemos hacer al respecto?

—Lo mejor que cada uno de nosotros puede hacer por Ignacio es estar bien consigo mismo. Lo digo porque así, al interactuar con él, dejaremos de reaccionar mecánicamente, pudiendo tomar una actitud más beneficiosa, tanto para nosotros mismos como para Ignacio. Además, si queremos que cambie, lo más eficiente es que lo aceptemos tal como es. Como sabéis, aceptar no quiere decir estar de acuerdo con lo que dice y con lo que hace. Y tampoco consiste en resignarnos ni tolerarlo. Aceptarlo tal como es significa dejar de reaccionar impulsivamente para empezar a dar una respuesta más consciente, amorosa y constructiva. Si cada uno de nosotros consigue aceptarlo de verdad, Ignacio dejará de invertir tiempo y energía en luchar contra nosotros, estando más cerca de comprender que él es co-creador y co-responsable de sus problemas y sus conflictos. Al no encontrarse con resistencias externas, no le quedará más remedio que mirarse en el espejo.

»Además, dado que Ignacio forma parte de esta consultora —añadió, con un brillo especial en sus ojos—, os animo a que practiquéis la compasión. Y, por favor, no confundáis esta hermosa palabra con sentir lástima o pena por él. La verdadera compasión consiste en comprender que la otra persona está sufriendo, y que debido a su malestar interno está tomando actitudes y conductas nocivas y destructivas. Os lo digo porque esta compasión también nos hace darnos cuenta de que en realidad Ignacio no es dueño de sí mismo. Él no quiere gritar, enfadarse y estar todo el día de malhumor. ¡Nadie desea vivir así! Lo que le pasa es que es esclavo del ego, de su mecanismo de supervivencia emocional... Aunque no os lo parezca, está comportándose lo mejor que puede en base a su grado de comprensión, a su nivel de consciencia y, sobre todo, a su estado de ánimo, marcado por el malestar, la insatisfacción y el sufrimiento. Lo cierto es que no existe la culpa ni la maldad. Lo que sí abunda es un exceso de ignorancia e inconsciencia, que a muchos les lleva a engordar tanto sus egos que terminan por cometer todo tipo de atrocidades con los demás... Al igual que todos nosotros, Ignacio está en su propio proceso. Como dijimos, muchas personas necesitan tocar fondo para atreverse a cambiar. Hasta que no llegue a una saturación de malestar seguramente siga comportándose de esta manera... Sé que no es nada fácil, pero confío en que a través de nuestra aceptación y de nuestro amor, entre todos podamos inspirarle para que encuentre el camino hacia sí mismo...

Seguidamente y antes de que diera comienzo a la parte más práctica del curso, Pablo Príncipe abrió su mochila y regaló a todos los presentes un libro de autoconocimiento.

—Le tengo mucho cariño a este libro —dijo—. En su día hizo que me diera cuenta de que no sabía nada acerca de mí mismo ni de la vida. Y la verdad es que lo sigo releyendo para no olvidarme de lo importante que es ser honesto, humilde y valiente. Consideradlo como los apuntes del curso. Como sabéis, para que la nueva información tenga un impacto en vuestra vida hay que releerla y repetirla muchas veces. Solo así podemos reprogramar nuestra mente de forma voluntaria y consciente. En fin, queridos amigos, espero que este libro os inspire tanto como a mí. Su lectura me hizo redescubrir la vida. Nunca más volví a ser el mismo.

A pesar de que la gran mayoría de los asistentes no había leído un libro en toda su vida, absolutamente todos ellos lo devoraron en menos de una semana.

VIII. En busca de uno mismo

Lunes, 16 de junio de 2003

Desde hacía varios meses, la consultora SAT había instaurado una política de conciliación histórica, que permitía trabajar desde casa a sus empleados. La empresa les había equipado con un ordenador portátil y un teléfono móvil. De esta manera, podían comunicarse virtualmente con los clientes desde donde ellos decidieran, sin estar obligados a acudir cada día a la oficina. La única excepción fue Verónica Serra, que debido a su trabajo como recepcionista seguía yendo cada día a la consultora. Eso sí, fue compensada económicamente. Y eso que seguía haciendo el mismo trabajo. Esta era la nueva política de abundancia y generosidad, impulsada directamente por el presidente.

Al mismo tiempo, se había establecido la dirección por objetivos, una iniciativa que facilitaba que los colaboradores supieran exactamente qué responsabilidades debían asumir y cumplir cada mes. Al gozar de una mayor autonomía, los profesionales podían organizarse de forma más libre, conciliando su vida personal, familiar y laboral con total naturalidad. Para coordinar y supervisar esta muestra de confianza, cada departamento contaba con un líder, que a su vez tenía que rendir cuentas a Ignacio Iranzo cada lunes .

Estas medidas de flexibilidad fueron promovidas por Pablo Príncipe, aprobadas por Jordi Amorós, acogidas con sorpresa por los colaboradores y demonizadas por Ignacio Iranzo. Su malhumor empezaba a ser del todo insostenible.

—¡Maldito Principito! ¡Confiar así en los empleados va a llevarnos a la ruina y al caos! —le gritó enfurecido a Jordi, momentos después de firmar el acuerdo definitivo—. Lo que esta empresa necesita no es confianza, sino control. ¡¿Por qué no me apoyas, Jordi?! Si no puedo ver dónde están mis empleados, ¿cómo voy a saber lo que están haciendo? Si no puedo darles órdenes, ¿cuál es mi función como jefe? ¡¿Es que soy el único que no se ha vuelto loco en esta consultora?! No sé si te das cuenta, pero con esta medida perdemos todo el poder sobre nuestros empleados. Y no lo olvides, solo se respeta aquello que se teme...

Por más que Ignacio refunfuñara e insistiera, el presidente se mantuvo firme. Después de confiar en lo que no podía ver y empezar a sentirlo, el presidente estaba comprometido con los dictados de su corazón, acallando las dudas, los miedos y las inseguridades que a veces asaltaban sus pensamientos. Por primera vez en su vida tenía fe: sabía que tarde o temprano conseguiría humanizar la empresa que había fundado veinte años atrás.

Y aquel cambio radical en su escala de valores empezó a extrapolarse a todos los ámbitos de su vida. Así, mientras el presidente disfrutaba como nunca de su profesión, cada vez dedicaba más tiempo a su familia. A su mujer todavía le costaba reconocer que aquel ejecutivo tan tierno y cariñoso fuera el mismo hombre con el que se había casado. Y qué decir de sus hijos, que de pronto comenzaron a recibir llamadas y visitas de un extraño que se presentaba como «papá». Para su sorpresa, Jordi ya no era esclavo del estrés ni de las prisas y mostraba un sincero interés por cómo estaba marchando el rumbo de sus vidas...

Los colaboradores de la consultora SAT, por su parte, decidieron colgar en una de las paredes de la Sala de Aprendizaje un decálogo con algunas de las principales conclusiones del curso de introducción al autoconocimiento . «La empresa como lugar de aprendizaje», rezaba el título del texto, seguido por diez reflexiones, que estaban enmarcadas entre una lámina de madera y otra de cristal:

1. La salud, la satisfacción, el bienestar y la felicidad son nuestro estado natural, mientras que lo antinatural son la enfermedad, la insatisfacción, el malestar y el sufrimiento.

2. Entre el estímulo externo y nuestra consiguiente reacción interna hay un espacio en el que tenemos la libertad para elegir la respuesta que más nos convenga.

3. Cuando experimentamos miedo, ira y tristeza significa que nuestra interpretación de lo que nos ha sucedido ha sido egocéntrica y, por tanto, subjetiva, falsa y errónea.

4. Mientras seamos esclavos de nuestras reacciones emocionales, seguiremos siendo esclavos de nuestras circunstancias.

5. Cuando disponemos de poca energía vital somos menos conscientes y más reactivos. En cambio, cuanta más energía acumulamos, mayor es nuestra consciencia y nuestra capacidad de dar la respuesta que nosotros elegimos.

6. Dado que todo el mundo lo hace lo mejor que puede, el reto consiste en aprender a aceptar a los demás tal como son y a fluir con las cosas tal como vienen.

7. No existe la culpa ni la maldad. Lo que sí abunda es la ignorancia de no saber quiénes somos y la inconsciencia de no querer saberlo.

8. Lamentarnos, quejarnos y enfadarnos no sirve para cambiar lo que nos ha pasado y, sin embargo, destruye nuestro bienestar interno.

9. Creer que somos víctimas de los demás y de las circunstancias es el problema. La solución pasa por comprender que nosotros somos los únicos responsables de nuestro bienestar y nuestro malestar.

10. El éxito no es la base de nuestra felicidad, mientras que la felicidad sí es la base de cualquier éxito verdaderamente sostenible y con sentido.

***

Nada más entrar en el edificio de la consultora SAT, Pablo Príncipe se cruzó con el conserje, que barría el suelo tarareando lo que pretendía ser una canción.

—Buenas, Pablo. ¿Cómo llevamos ese lunes? ¿Alguna novedad en el frente?

—Buenas, Bernardo —le contestó Pablo, caminando en dirección a las escaleras, con una mochila colgando de su hombro—. Hoy ando un poco liado... Hablamos en otro momento. Espero que tengas un buen día —se despidió momentos antes de abandonar la portería.

El conserje frunció el ceño y empezó a rascarse la papada. «¿Qué le costará dedicarme un par de minutitos?», se lamentó. Pero enseguida detuvo la corriente mecánica de pensamiento. Bernardo Marín acababa de darse cuenta de que en vez de aceptar lo que había pasado, estaba quejándose de forma reactiva por lo que no había sucedido. «Mi bienestar solamente depende de mí mismo», pensó. Y empezó a reírse solo, retomando su actividad con la escoba.

Al entrar en la recepción, Pablo se sentó en uno de los sofás y dejó la mochila en el suelo. Se sentía algo inquieto y decidió tomarse un momento para respirar. Mientras inhalaba y exhalaba profundamente, Verónica Serra estaba ocupada atendiendo el teléfono...

—Lo entiendo perfectamente, pero no se puede poner —dijo al cabo la recepcionista—. El señor Amorós no está en la oficina y me ha pedido expresamente que no le pase llamadas a su móvil.

Al otro lado del teléfono, un alto ejecutivo de una empresa cliente le exigía hablar inmediatamente con el presidente. Y por el tono de su voz, parecía estar muy estresado. Cómo no, se trataba de un asunto urgente. A pesar del respeto mostrado por Verónica, el cliente empezó a gritarle, insistiendo en que ella no sabía con quién estaba hablando.

Justo antes de dejarse vencer por su reactividad, la recepcionista sonrió y se dijo en su fuero interno: «¡Qué demonios, este petardo no me está gritando a mí, sino al teléfono!». Inmediatamente se quitó el auricular y lo alejó un par de palmos de su oreja. «No te lo tomes como algo personal, Verónica —pensó—. Este tipo no debe de estar teniendo un buen día y está en su derecho de enfadarse por no poder hablar con el señor Amorós. Además, esto no te impide ser feliz...» Tras inhalar una generosa bocanada de aire, la recepcionista volvió a colocarse el auricular y retomó la conversación telefónica.

—Disculpe, caballero. Siento mucho no poder pasarle al señor Amorós. Si le parece, en cuanto llegue le digo que le llame urgentemente. ¿Sería tan amable de darme su nombre y su teléfono directo, por favor?

Aquel alto ejecutivo siguió protestando unos segundos más, hasta que accedió a darle sus datos de contacto. Al colgar el teléfono, Verónica sonrió a Pablo y le dio las gracias con la mirada.

«Lo que entrego a los demás es lo único con lo que me quedo —susurró para sus adentros—. Mi autoestima solo depende de mí misma, de la manera en la que yo me veo y me trato en cada momento...»

Más calmado y relajado, Pablo se levantó del sofá, cogió su mochila y sin decir ni una palabra besó las dos mejillas de Verónica, que se puso roja como un tomate.

—Te veo muy bien esta mañana.

—Gracias, Pablo. Tú tampoco estás nada mal.

Pablo se ruborizó.

—Bueno, ya sabes lo que dicen los místicos —añadió.

—No tengo ni idea, pero me encantaría saberlo.

—Que la belleza está en el ojo del observador.

Verónica sonrió, tapándose la boca con la mano.

—Hay que ver cómo son los místicos, ¡eh! —La recepcionista se arregló el pelo y añadió—: Y, dime, además de experimentar y de filosofar, también comen, ¿no?

—¡Y tanto! Los verdaderos místicos no ayunan, ¡sino que conciben la vida como un gran banquete! —exclamó sonriente Pablo.

—Me alegro por ellos entonces...

Tras un largo silencio y viendo que Pablo Príncipe permanecía callado, la recepcionista se animó a dar el primer paso.

—Pablo, ¿te gustaría invitarme a cenar esta noche? Me han hablado de un restaurante que...

—Lo siento, no soy muy de ir a restaurantes —le interrumpió.

—Ah, bueno, pensaba que tal vez...

Y antes de que Verónica se echara atrás, Pablo Príncipe volvió a interrumpirla:

—Si te apetece estaré encantado de cocinar para ti en mi casa.

El rostro de Verónica Serra se iluminó. Su corazón empezó a bombear con fuerza. Tanto, que temió que Pablo pudiera escuchar sus latidos.

—¡Será un placer! —exclamó.

—Genial, ¿nos vemos esta noche?

Verónica asintió sonriente.

—Estupendo... ¿Y Jordi? ¿Dónde anda? —preguntó Pablo, cambiando de tema.

—Está con su familia. Me ha pedido que nadie le moleste.

De pronto sonó de nuevo el teléfono. Era la secretaria del alto ejecutivo de antes. Llamaba para pedir perdón en su nombre.

Mientras Verónica Serra agradecía aquel inesperado gesto, Pablo Príncipe se dirigió a la Sala de Aprendizaje con un fin muy claro en su mente: hablar con Alicia Oromí. Aunque eran las once de la mañana, la oficina estaba prácticamente desierta. Tan solo había un par de personas por departamento. Y al menos hasta la fecha, la consultora no solo seguía funcionando, sino que estaba mejorando su rendimiento y productividad. De hecho, Pablo Príncipe diseñó unas encuestas de satisfacción para cada cliente, de manera que pudieran medir el impacto que los cambios introducidos estaban teniendo sobre el trabajo ofrecido por la consultora. Además, en la Sala de Aprendizaje reinaba por primera vez un clima marcado por la tranquilidad y el buen humor.

—Siento el retraso, Alicia —se disculpó Pablo, dejando su mochila sobre el escritorio.

—No pasa nada —dijo Alicia, encogiéndose de hombros.

—¿Cómo te encuentras hoy?

—Bien, como siempre —respondió, sin poder mirarle fijamente a los ojos—. ¿Tú qué tal? —le preguntó, tratando de disimular su abultada barriga con los brazos.

—Te he hecho venir esta mañana para hablar sobre tu embarazo.

—¿Mi qué? Perdona, Pablo, no sé de qué me estás hablando.

—¿De cuántos meses estás, Alicia?

—Reconozco que me he engordado unos cuantos kilos, pero...

Y Pablo Príncipe, que jamás renunciaba a una pregunta una vez la había formulado, le insistió:

—Alicia, mírame a los ojos. ¿De cuántos meses estás?

Sin dejar de abrazarse la parte baja de su vientre, Alicia volvió su mirada hacia el suelo.

—Te he dicho que no estoy embarazada. Agradezco que te preocupes por mí, pero déjame, por favor...

Pablo abrazó a Alicia, que no pudo contener sus lágrimas.

—No quiero perder mi trabajo —reconoció.

—No lo vas a perder —le susurró al oído Pablo—. Sé que esta consultora ha tomado decisiones poco acertadas en el pasado, pero las cosas han cambiado.

—Si no he dicho nada hasta ahora es porque tenía miedo de ser la quinta mujer embarazada que esta empresa despide en los últimos cuatro años.

—Lo sé, Alicia. Te aseguro que tú vas a ser la primera en quedarte, y serás un ejemplo para que el resto de mujeres sepan que aquí se puede ser madre y profesional al mismo tiempo. Esta tarde nos ponemos con los trámites para formalizar tu baja por maternidad. ¿Qué sentido tiene formar parte de una empresa que impide a sus empleados dedicarse con todo su corazón a las cosas verdaderamente importantes? ¡Ser madre es el gran viaje de la vida! ¡Y los niños son nuestros grandes maestros! Esta empresa va a apoyarte como te mereces. Todo va a ir muy bien, ¡ya lo verás!

Alicia Oromí sacó un pañuelo y se sonó.

—Muchísimas gracias, Pablo.

—¡Gracias a ti!

Alicia sonrió. Y mirando directamente a los ojos de Pablo Príncipe, le preguntó:

—¿Y qué hacemos con Ignacio?

—Olvídate de él. Parece que ha llegado el momento de que Ignacio se ocupe solamente de Ignacio.

Los dos rieron, aunque Alicia no sabía muy bien por qué.

***

En el otro extremo de la Sala de Aprendizaje, Manuela Marigorta estaba enfrascada en la preparación de una nueva presentación. Por unos momentos, se apoyó contra el respaldo de su butaca, entrelazó las manos por detrás de su cabeza y sonrió como no solía hacerlo. «¡Cómo están cambiando las cosas por aquí!», pensó. Mientras, Ignacio Iranzo corregía un informe entregado días atrás precisamente por Manuela. Y lo hacía en la soledad de su despacho, que a estas horas de la mañana, después de fumarse una decena de cigarrillos, estaba inundado por una espesa capa de humo. Y al concluir la lectura, soltó un enorme resoplido...

«¡Madre mía, Manuela! —se dijo a sí mismo, enfadado—. ¿A esto lo llamas trabajar? Tienes suerte de que no eres la única incompetente en esta empresa... La verdad es que, ahora que lo pienso, me han decepcionado todos mis empleados. ¡Son muy inútiles y muy poco serios! ¡Incluso Jordi me ha fallado con su actitud ingenua e infantil! No sé qué puede ver en él. ¡Maldito Principito! Ya no sé qué más puedo hacer para que las cosas vuelvan a ser como antes...»

Seguidamente se miró el anillo de casado y agachó la

cabeza. Pensar en su mujer le conectaba con su vulnerabilidad y, sobre todo, con un dolor no resuelto, que llevaba meses arañando su corazón.

«No te pongas así, Ignacio. Respira. —E inhaló y exhaló profundamente varias veces—. Ahora vas a ir a ver a Manuela y le vas a decir lo que piensas, pero sin montar ningún numerito, ¿eh? Ten en cuenta que no todo el mundo puede ser tan competente como tú. Vamos a demostrar a los demás que también soy un ser humano...»

Y tras decirse todo lo que necesitaba oír, Ignacio Iranzo abrió con delicadeza la puerta de su despacho. De pronto empezó a salir una densa humareda, que a lo lejos hizo reír a Manuela Marigorta. Mientras Alicia Oromí y Pablo Príncipe seguían hablando de sus cosas, Ignacio tiró con disimulo una colilla al suelo y la aplastó con la suela del zapato. Luego descendió por la escalera de caracol y se precipitó sobre el cubículo de Manuela.

—Hola, Manuela, ¿cómo estás hoy?

Manuela Marigorta miró a Ignacio sorprendida y desconcertada.

—Pues bien, supongo que muy bien.

—Bueno, ya he terminado de leer tu informe y no estoy demasiado contento con el resultado —reconoció Ignacio, que no recordaba la última vez que había hecho tamaño esfuerzo por ser amable.

—¡Ah! Bueno, no sé... Lo he intentado hacer lo mejor que he podido. Me ha llevado seis semanas terminarlo —contestó Manuela, que empezó a mover nerviosamente la pierna derecha debajo de la mesa.

—Ya, ya, entiendo... A ver... —Ignacio estaba perdiendo el control—. Lo siento, pero vas a tener que rehacerlo. Fíjate en el color de la portada. ¡Es horrible! Y en el texto he visto al menos tres faltas de ortografía, ¡algo inaceptable! Ponte ahora mismo con las correcciones que he anotado. ¡Y lo quiero listo antes de que te vayas! —refunfu-ñó, tirando el informe sobre su mesa.

Ignacio se molestó consigo mismo por haber sido tan brusco. Pero esta pequeña toma de consciencia tan solo hizo que se enfadara internamente todavía más. Por su parte, Manuela Marigorta se preguntó para sus adentros: «¿Qué es lo que no estás aceptando, Manuela? Ignacio no te está criticando a ti, sino al informe. Y lo hace porque es evidente que está muy mal consigo mismo, con lo que no es capaz de ver las cosas con objetividad ni tampoco hablar con asertividad».

Manuela cogió el informe y empezó a echarle un vistazo. Todas las páginas estaban repletas de anotaciones. Tenía que rehacerlo entero.

—El informe consta de sesenta y dos páginas. No sé si me va a dar tiempo a terminarlo hoy —se atrevió a decir Manuela, con cierta prudencia y timidez.

Aquel comentario fue demasiado para Ignacio.

—¡Por mí como si tiene mil quinientas ochenta y nueve páginas! ¡En esta consultora no se deja el trabajo a medias! ¡Somos una empresa seria!

«Nadie puede herirte sin tu consentimiento —se recordó Manuela en su fuero interno—. Por eso nada de lo que te diga va a hacerte reaccionar. Tu confianza depende de ti misma. Acepta a Ignacio porque en estos momentos de su vida no sabe lo que hace ni puede hacerlo mejor...»

—Lo siento, Ignacio. Ahora cambio la portada, corrijo los fallos de ortografía y me pongo a rehacer el texto siguiendo tus anotaciones —afirmó con cierta tranquilidad.

Ignacio Iranzo respiraba agitadamente; parecía un toro bravo a punto de embestir.

—Está bien, Manuela. Está bien... Recuerda que lo más importante en esta vida es la seriedad y el trabajo bien hecho —respondió, conteniéndose todo lo que pudo.

Manuela Marigorta sentía que acababa de lograr una hazaña épica. «¡Qué grande eres, Manuela!», lo celebró para sus adentros. Ignacio, por su parte, no podía dejar de fruncir el ceño y negar con la cabeza. Tras echar un rápido vistazo a la Sala de Aprendizaje, gritó fuera de sí:

—¡¿Dónde demonios está todo el mundo?!

Al no recibir ninguna respuesta, salió del cubículo de Manuela y se topó con el decálogo enmarcado en la pared. Nada más verlo se produjo una explosión de ira en sus entrañas. Sin pensárselo dos veces, lo arrancó con violencia y se fue directo hacia Pablo Príncipe.

—¡Todo este caos y descontrol es por tu culpa, Principito! —le increpó—. ¡Estoy harto de tus tonterías! ¡No soporto tener que ver tu sonrisita ni un segundo más! ¡No te aguanto a ti ni a tus valores de pacotilla!

Acto seguido, lanzó el decálogo contra el suelo con todas sus fuerzas. Y ante la mirada de una decena de colaboradores, el marco de madera y cristal estalló en mil pedazos. Por un momento, parecía que Ignacio se derrumbaba. Sus empleados le rodearon, atónitos por el espectáculo que estaban presenciando.

—¿Y vosotros? ¡¿Qué diablos estáis mirando?! —les gritó al cabo.

Los ojos de Ignacio estaban hinchados, rojos y húmedos. Parecían dos globos a punto de estallar. Pero antes de que las lágrimas le traicionaran, se fue corriendo a su despacho. Y justo después de entrar, siendo fiel a su estilo de comunicación, pegó un sonoro portazo. Una vez a solas, se sentó en su butaca y se desplomó sobre su escritorio: «No puedo seguir así. Necesito ayuda. ¡Estoy harto de mí mismo! ¡No soporto seguir viviendo así! ¡¿En qué me he convertido?!».

Mientras Ignacio Iranzo seguía encerrado en su oficina, en la Sala de Aprendizaje Pablo Príncipe intentaba calmar los ánimos de los colaboradores. Y a pesar de los gritos y los insultos vociferados por Ignacio, restaurar el orden fue fácil. Sus actos habían hablado tan alto que no hizo falta recordar sus palabras para empatizar con su dolor. Por primera vez, el grupo sintió una verdadera compasión por su jefe. Nadie se atrevió a juzgarlo. Manuela Marigorta, Alicia Oromí, Verónica Serra y todos los demás presentes comprendieron que aquel hombre no era dueño de sus palabras ni de su comportamiento. Desde que había vuelto a trabajar y tras estar un mes de baja por depresión, Ignacio se había convertido en esclavo de su propia sombra. Era víctima y verdugo de su profundo malestar.

Tan solo Pablo conocía la causa de su sufrimiento. Aquella misma mañana había quedado para desayunar con la mujer de Ignacio, que necesitó dos horas para explicarle las dificultades que meses atrás habían vivido en el seno de su relación sentimental.

***

Esa misma tarde, después de comer en casa con su familia, Jordi Amorós se reunió en su despacho con Pablo Príncipe para hablar sobre Ignacio. Nada más entrar, Pablo dejó su mochila en el suelo y se sentó al lado del presidente.

—Ya me han contado lo de Ignacio —apuntó Jordi, negando con la cabeza—. Todos sabemos que tiene una personalidad muy impulsiva y vehemente. Pero esta vez se ha pasado de la raya. ¡Santísima mala leche que tiene el chaval! Me sabe muy mal porque lo quiero como si fuera mi hijo. Además, es el profesional con más experiencia de esta consultora. Si no fuera por su maldita actitud... Tenía planeado promocionarlo. Pero parece que no quiere cambiar. No sé, Pablo, empiezo a plantearme la posibilidad de despedirlo. Igual es lo mejor para la empresa —afirmó, sin estar del todo convencido.

—No hace falta, Jordi.

—¿Y eso?

—El despido tan solo agravaría su resentimiento hacia nosotros y hacia la vida. Esta mañana he hablado con su mujer; por cierto, una persona maravillosa... En fin, ya sé lo que le pasa a Ignacio. ¿Recuerdas el mes que estuvo de baja?

—Por supuesto, fue la primera vez en trece años que faltaba más de dos días al trabajo. Y ahora mismo no sé si verlo como una virtud o como un defecto...

—El caso es que su mujer me ha explicado que por aquel entonces Ignacio descubrió que es estéril. Y, por lo visto, tener hijos era la mayor ilusión de su vida. ¿Quién nos iba a decir que Ignacio se muere por ser padre? —El presidente se quedó mudo—. La mujer de Ignacio me ha pedido que seamos pacientes y que le echemos una mano —añadió Pablo—. Y eso es lo que te propongo que hagamos.

Jordi Amorós asintió.

—Cuenta conmigo.

—Sinceramente, yo también pienso que Ignacio es una persona muy válida y necesaria para el proyecto de futuro que estamos construyendo... Lo único que pasa es que lleva demasiado tiempo siendo adicto al malhumor, la negatividad y el victimismo. Pero estas son enfermedades que afortunadamente tienen cura. En mi opinión, lo que más necesita Ignacio es recuperar el contacto con la realidad. Y para lograrlo necesita vivir una experiencia que le vuelva a conectar consigo mismo.

—Por favor, sigue. Soy todo oídos.

—Si de verdad queremos lo mejor para Ignacio, debemos ayudarle para que tenga la oportunidad de solucionar esta situación por sí mismo. Te propongo que la empresa le financie un viaje durante los meses de julio y agosto en concepto de formación.

—¡¿Pagarle un viaje?! —exclamó de forma impulsiva Jordi Amorós. Hizo una pausa y, tras un suspiro, añadió—: Dalo por hecho. El de hace unos segundos no era yo, sino mi ego. ¡Madre mía lo tonto que se pone el *pequeñín* cuando se trata de dinero!

Los dos rieron amistosamente.

—Te propongo, Jordi, que ayudemos a Ignacio a conseguir el mayor reto de todos: conquistarse a sí mismo.

—¿Y cómo pretendes que lo consiga?

—Viajando solo por Madagascar. —El presidente arqueó las cejas y enseguida asintió con la cabeza, tratando de disimular su desconcierto—. No sé si lo sabes, Jordi, pero viajar solo es una terapia fantástica para combatir la infelicidad.

—Ya, pero ¿eso no queda muy lejos? ¿Qué carajo va a encontrar Ignacio en Madagascar?

—Esperemos que se encuentre a sí mismo... Madagascar es una isla remota, un auténtico paraíso en el que todavía reina el medio ambiente sobre el asfalto. ¡La mayoría de la gente vive integrada en la naturaleza! Para facilitarle los trámites a Ignacio, me he encargado de hacerle la mochila. He incluido botiquín, mapa, el libro de autoconocimiento que os regalé y una lista de nombres de personas con las que podría cruzarse por el camino...

—¿Por el camino? ¿A qué te refieres?

—Si accede a embarcarse en esta aventura, Ignacio emprenderá un viaje de mil kilómetros. Y lo hará solo y a pie, sin más compañía que su pasaporte, su mochila y su sombra. Le voy a proponer una ruta que comienza en el sureste de la isla, en Fort Dauphin, y que termina en la capital, Antananarivo.

—¿Cómo sabes tanto de Madagascar?

—Porque es el viaje que hice justo antes de entrevistarme contigo. No tengo la menor duda de que será la peor y la mejor experiencia de toda su vida.

El presidente se perdió en sus pensamientos durante unos segundos. Trataba de imaginar cuál podría ser la reacción de Ignacio al proponerle semejante aventura.

—¡Es una locura de las gordas! —exclamó—. Pero ya se sabe, las situaciones desesperadas requieren medidas desesperadas.

—Tenemos el apoyo de su mujer, la mochila preparada y hace unas horas le he pedido a Verónica que se encargara de la compra de los billetes para el próximo 1 de julio. Así que, si te parece bien, tan solo falta su consentimiento.

—Confío en ti, Pablo. ¡Y confío en que este viaje puede irle de maravilla a Ignacio! Ahora mismo voy a llamar a su mujer. Hace tiempo que no sé nada de ella...

—Te esperan para cenar en casa de los Iranzo a las nueve en punto.

Ante la incrédula mirada del presidente, Pablo Príncipe cogió su mochila y sacó una botella de vino tinto. Sonriente, se la entregó a Jordi Amorós.

—Toma. Algo me dice que la vas a necesitar.

—¡Caramba! ¡Realmente eres un buen fichaje!

—Gracias, estoy encantado de ser el responsable de personas y valores de esta consultora.

—¡Santísimo granuja! ¿Y tú dices que no has estudiado ningún MBA?

—No, ya te dije que son muy caros y que todavía...

—Ya lo sé, ya lo sé —le interrumpió el presidente, rodeándole la espalda con su brazo—. Todavía no enseñan lo que de verdad importa.

IX. ¡Ojo! El poder aísla y corrompe

Jueves, 1 de julio de 1999

La oficina de los socios de la consultora donde Pablo Príncipe trabajaba cuando tenía veintisiete años se ubicaba en la planta más alta del edificio. Coloquialmente, estos directivos eran conocidos como «los de arriba». En uno de sus despachos, con paredes de cristal e impresionantes vistas, se encontraban el veterano director de recursos humanos y el jefe directo de Pablo. Fumando un puro, trataban de relajarse tras un intenso día de trabajo, compartiendo su visión sobre el pequeño mundo que habían creado dentro de su gran empresa.

—Qué bien se está cuando se está bien —afirmó el director de recursos humanos—. ¿Te hace una copita de whisky?

—Sí, cargadita, por favor —respondió el jefe directo de Pablo, frotándose la nuca.

El alto directivo se desplazó sobre su butaca de ruedas hasta el minibar, donde llenó con generosidad dos vasos bajos de cristal tallado.

—¿Algún problema con los de abajo? —le preguntó, exhalando una bocanada de humo.

—¿Tú qué crees? Son una panda de vagos. Cada día tengo más claro que el único problema de esta organización es la incompetencia de los empleados. ¿Por qué les costará tanto a los de abajo adaptarse a la manera que tenemos de hacer las cosas? Si somos los número uno de nuestro sector será por algo, ¿no?

El director de recursos humanos asintió con la cabeza y pasó con delicadeza la copa al jefe directo de Pablo, que bebió un trago y siguió con su razonamiento:

—Yo no sé qué les enseñan a estos chavales en las universidades y en las escuelas de negocios, pero me da la sensación de que cada día son menos espabilados. No piensan por sí mismos, tan solo obedecen. Y encima trabajan despacio y mal.

—No te pongas así, hombre —dijo el director de recursos humanos, con una expresión pícara que resaltaba las arrugas de su rostro—. Piensa que la mayoría de estos chavales no tienen ni idea de quiénes son ni de qué están haciendo aquí. Están todos muertos de miedo. Tienen el culo tan pegado a su silla que ni uno solo tiene el valor de quejarse por la manera en la que los estamos explotando. ¡Te lo digo yo, que soy el director de recursos humanos!

Los dos rieron, chocando sus copas con complicidad. Y tras el brindis, el veterano directivo siguió con su disertación:

—Tienen miedo a la incertidumbre de la vida. Y este temor los convierte en empleados dóciles y manejables. Y eso es algo que siempre va a jugar a nuestro favor. Por algo los llamamos «tontos útiles». Estoy de acuerdo en que carecen de iniciativa, pero no es justo que nos lamentemos. ¡Fíjate lo baratos que nos salen! Nos regalan su vida a cambio de un salario vergonzoso y una falsa sensación de seguridad.

—Tienes toda la razón —reconoció el jefe directo de Pablo, saboreando su puro con fruición—. Lo siento, es que últimamente estoy más estresado de lo habitual. Llevo más de tres meses sin pegar ojo por las noches. Y me despierto de una mala leche... No sé, supongo que ya se me pasará. Desde que me divorcié no estoy muy fino y encima...

—¿Te apetece otra copa? —le interrumpió el director de recursos humanos.

—Eh, sí, claro, ¿por qué no? Como te decía, mi mujer me dejó hace medio año y me está costando...

—Bueno, seguro que todo se arreglará —zanjó tajantemente, acercándole la copa al jefe directo de Pablo.

Tras un incómodo silencio, el director de recursos humanos añadió:

—Por cierto, ¿qué hay de ese niñato del que me hablaste?

—¿Quién? ¿Príncipe? —respondió cabizbajo.

—Sí, ese, el Principito.

—No me hables de ese chaval. Lleva demasiados meses yendo a lo suyo. No hay manera de que se deje explotar... El otro día, por ejemplo, me dijo que en esta empresa sobraban peces gordos y faltaban valores humanos. ¿No te parece increíble?

El director de recursos humanos volvió a encender su puro.

—A estas alturas de mi vida ya no me sorprende nada. Lo que sí me resulta gracioso es que en un mundo como el nuestro alguien sea tan ingenuo de decir que faltan... ¿cómo dices que los has llamado?

—Valores humanos.

El director de recursos humanos soltó una sonora carcajada. Y sin darse cuenta, manchó de ceniza su corbata a rayas.

—Así que el Principito dice que faltan valores humanos en nuestra compañía —repitió, frunciendo el entrecejo—. ¿Qué demonios son los valores? ¿Y dónde se cree que trabaja este mocoso? Esto no es una ONG y nosotros no somos las hermanitas de la caridad.

El director de recursos humanos se levantó de su butaca, dio un par de pasos alrededor de su escritorio y añadió:

—Mira, como me has pillado de buen humor, te voy a ayudar a solucionar tus problemas con ese chico. Voy a darle una lección que no olvidará jamás. Haz que suba ahora mismo. Vas a ser testigo de cómo me deshago de su patética ingenuidad.

El jefe directo de Pablo salió del despacho para hacer una llamada desde su móvil. Una vez a solas, el director de recursos humanos empezó a divagar con la mirada perdida en el horizonte.

—¿Qué se ha creído ese mocoso? ¿Que no me he dado cuenta de lo corrupto y cruel que es este sistema? ¿Que no sé que las grandes corporaciones son el cáncer de este mundo? ¿Que pienso que mi trabajo tiene algún sentido? —se preguntó a sí mismo de forma retórica—. No soy ningún estúpido. ¡Lo que ese niñato no sabe es que mientras yo siga cobrando mi parte a final de mes, todo lo demás me importa un carajo!

Sentados de nuevo frente a frente, en silencio y con una copa en la mano, aquellos dos altos ejecutivos aguardaban con impaciencia la llegada de Pablo Príncipe. De pronto, la secretaria del director de recursos humanos le llamó por teléfono, diciéndole que un chico joven acababa de entrar en la recepción.

—Hágale pasar dentro de diez minutos —le ordenó, muy serio—. Es el tiempo de espera que un empleado necesita de media para saber quién manda —bromeó con su compañero.

Diez minutos más tarde, Pablo entró con decisión en aquel despacho.

—Buenas tardes, señor Príncipe. Siéntese, por favor.

Le he hecho venir a verme porque estamos de celebración.

—Por favor, llámeme Pablo, que el señor Príncipe sigue siendo mi padre.

—Como quieras. Voy a ir directamente al grano. Nos han llegado... ciertas quejas sobre ti. Al parecer, tienes un carácter un tanto... rebelde. Algunos dicen que vas demasiado a tu aire y que no te adaptas a las necesidades de la organización.

—Sí. La verdad es que no me parece una actitud inteligente adaptarse a un entorno tan... deshumanizado y tóxico como el que me rodea —afirmó, jugando con el tono utilizado por el veterano directivo.

Y mirando a su jefe directo, añadió:

—Tal como suelo decir, no creo en lo que hago, porque esta consultora no tiene ningún tipo de valores. Y sin valores, para mí el trabajo no tiene ningún sentido. Ustedes saben mejor que yo que ganar dinero es relativamente fácil. Lo difícil es hacerlo tratando con respeto a los colaboradores, generando riqueza real para la sociedad y respetando el medio ambiente del que formamos parte. ¿No creen?

El director de recursos humanos sonrió. Pero tan solo para disimular la rabia que sentía en su interior. «¿Me está vacilando o qué? —pensó—. Te voy a enseñar yo cómo funcionan las cosas en el mundo real. ¿Crees que te conoces? Todas las personas tienen un precio. Ahora mismo vamos a ver cuál es el tuyo...»

—Sí, cómo no —respondió al cabo—. Estoy totalmente de acuerdo, pero como bien has dicho no es nada fácil... Por eso te necesitamos a bordo de esta gran consultora, que con tu ayuda esperamos que sea un poco más humana —mintió—. Precisamente ahora lo estábamos comentando. Sabemos que vales mucho, Pablo. Y por eso queremos ascenderte dos peldaños más en la jerarquía de nuestra organización. Acabas de ser nombrado consultor *senior*, con lo que tendrás más responsabilidades y un equipo de seis personas a tu cargo. Y, por supuesto, un sueldo mucho mejor, ajustado a tu nuevo estatus... Ahora ya solo estarás cinco plantas por debajo de nosotros. Eso significa que con un poco de esfuerzo, constancia y sacrificio en unos pocos años podrías convertirte en socio de la firma. ¿Qué me dices?

Pablo lo miró fijamente a los ojos y esbozando una sonrisa, le respondió:

—Renuncio. Hoy mismo dejo de trabajar para vosotros. Esta empresa no tiene ningún sentido, y no me cabe la menor duda de que va a caer por su propio peso.

—¡¿Cómo dices?! —exclamó impulsivamente el director de recursos humanos, con los ojos inyectados en sangre—. ¿Cómo te atreves a echar por la borda la carrera profesional de éxito que te estoy proponiendo?

Pablo Príncipe respondió con serenidad:

—Si a eso le llamas éxito, prefiero mil veces ser un fracasado.

—Pero ¿qué diablos vas a hacer ahí afuera, con lo competitivo que está el mercado en estos momentos? —insistió el director de recursos humanos.

—No tengo la menor idea. Lo único que sé es que no quiero seguir estando aquí dentro. «Para mí es más importante intentar comprender por qué las flores se esfuerzan tanto en fabricar espinas que no sirven nunca para nada. Desde luego, me parece algo más interesante que pasarme el día haciendo sumas y restas como si fuera un hombre serio como vosotros...»

Tras escuchar aquellas palabras, los dos hombres se miraron con incredulidad. Seguidamente, Pablo se levantó de la silla y le ofreció la mano al director de recursos humanos , que se la estrechó a regañadientes, sin entender muy bien lo que acababa de decir. A su lado, su exjefe directo se limitó a despedirse con un leve gesto de cabeza. Con el corazón lleno de confianza en sí mismo, Pablo Príncipe abandonó aquel despacho, comenzando así un nuevo capítulo en la historia de su vida. Y a diferencia de los otros, este lo acababa de empezar a escribir con su propio puño y su letra.

Apenas tres semanas después se marchó a dar la vuelta al mundo con todo el dinero ahorrado desde que había entrado a trabajar en aquella consultora. Lo tenía muy claro: no pensaba volver hasta que supiera quién era, para qué servía y qué sentido quería darle a su vida. Descubrirlo le llevó tres años, un mes y once días.

X. Madurar consiste en dejar de creerse víctima de las circunstancias

Lunes, 1 de septiembre de 2003

Manuela Marigorta no recordaba cuándo fue la última vez que se alegró de que fuera lunes. Motivada por ir a trabajar, se detuvo delante del espejo unos minutos antes de salir de casa. Se miró fijamente a los ojos y no pudo evitar sentirse algo extraña y confundida. Llegó incluso a cuestionar su propio entusiasmo.

—¿Qué te pasa, Manuela? —se preguntó—. ¿Por qué estás tan contenta?

Lo cierto es que le costaba relacionar su estado de ánimo con la función que desde aquella mañana iba a desempeñar en la consultora SAT. Después de una vida laboral marcada por la frustración y la resignación, Manuela vislumbraba la posibilidad de ejercer una profesión útil, creativa y con sentido. Por recomendación de Pablo Príncipe, acababa de ser ascendida por el presidente. Era la nueva directora de formación en crecimiento personal. Su cometido radicaba en investigar las diferentes herramientas de autoconocimiento y desarrollo personal al servicio del liderazgo basado en valores y el cambio organizacional. Meses atrás hubiera dudado. Pero Manuela ya no tenía miedo. Confiaba en su capacidad de dar lo mejor de sí misma. Si bien en un primer momento su misión consistiría en aprender y crecer todo lo que pudiera, a medio plazo sería la encargada de organizar cursos a medida para ofrecerlos a las empresas clientes. Y solo de pensar en ello, su corazón se henchía de alegría.

El de Manuela no fue el único cambio llevado a cabo por la consultora SAT. De los treinta y ocho empleados, siete dejaron la compañía al comenzar las vacaciones de verano. Incentivados por la empresa, decidieron dar un giro a sus vidas, alineándose con profesiones más coherentes con su verdadera vocación. Tal como les había animado Pablo Príncipe:

—Os invito a que sigáis indagando en vuestro interior para que descubráis quiénes sois, qué os gusta, qué os hace vibrar y, en definitiva, cuál es vuestro propósito en esta vida. Solo así sabréis de qué manera podéis servir al entorno del que formáis parte. Además, si lo que anheláis es preservar la felicidad en el trabajo, tened en cuenta que lo importante no es lo que recibís, sino lo que entregáis... No lo olvidéis: el verdadero éxito consiste en amar lo que hacéis y hacer lo que amáis, concibiendo vuestra profesión con vocación de servicio. Si lo conseguís, todo lo demás vendrá por añadidura.

Ignacio Iranzo, por su parte, emprendió su viaje en solitario por Madagascar. Si bien al principio se había mostrado sorprendido y algo reacio a la propuesta planteada por Jordi Amorós y su mujer, al poco accedió a marcharse de viaje para enfrentarse de una vez con el profundo malestar que anidaba en su mente y en su corazón. Hasta la fecha, en la empresa nadie sabía cómo se encontraba ni cuál era su paradero exacto. Eso sí, a su mujer le escribía postales cada semana, diciéndole lo mucho que la echaba de menos. Al parecer, estaba decidido a seguir la ruta a pie marcada por Pablo. Paralelamente, Alicia Oromí disfrutaba de su baja por maternidad. Acababa de dar a luz a un niño, al que pusieron de nombre Lucas. Ser madre había sido la experiencia más maravillosa de su vida. Al menos así se lo confesó a Pablo cuando la fue a visitar al hospital.

Mientras tanto, Jordi Amorós se había ocupado de contratar a nuevos profesionales. A la hora de seleccionar ya no buscaba solamente un buen currículum y una dilatada experiencia laboral. Más allá de contar con los conocimientos técnicos necesarios, su principal interés se centraba en constatar que los candidatos gozaran de un sano bienestar emocional y una entrenada actitud positiva. El presidente lo tenía muy claro. Para ser fichado por la consultora SAT era imprescindible encarnar valores como la responsabilidad, la humildad, la autenticidad, la confianza, el coraje, el entusiasmo y la capacidad real de cooperar y trabajar en equipo. Más que profesionales, quería seres humanos conectados, conscientes y comprometidos con el desarrollo de su potencial. En otras palabras, buscaba agujas en un pajar.

—Quiero contratar a personas que disfruten del misterio de la vida con magia —le reconoció en cierta ocasión a Pablo Príncipe.

El último y no menos importante cambio experimentado por la consultora SAT cogió por sorpresa a Manuela, que fue la primera en llegar al trabajo aquella mañana de septiembre. Nada más encender las luces de la oficina, se dio un buen susto cuando vio la revolución que se había producido en la Sala de Aprendizaje. Por encargo de Pablo, el presidente había contratado los servicios de una empresa especializada en reformar espacios laborales. Y sin saber exactamente cómo, en tan solo un mes consiguieron que aquella sala dispusiera de luz natural y una saludable ventilación. Las paredes estaban pintadas de colores amarillos, anaranjados, rosas y rojos. Y los cubículos habían desaparecido, dando lugar a un espacio diáfano en el que cada colaborador seguía teniendo su propia mesa, pudiéndose comunicar con el resto de compañeros sin necesidad de utilizar el teléfono.

Por toda la Sala de Aprendizaje había enredaderas, que permitían que la naturaleza también estuviera presente. En aquel nuevo espacio se respiraba vida. A los cinco minutos de entrar, Manuela seguía con la boca abierta. Y los ojos se le salieron de las órbitas cuando descubrió que en una de las esquinas se había habilitado un salón de descanso, lectura, meditación y relajación. Aquella salita estaba exclusivamente reservada para los empleados y disponía de una pequeña biblioteca, con libros especializados en crecimiento personal y cambio organizacional, entre otros temas relacionados con el mundo de la economía y la empresa. Manuela se sentó en uno de los sofás habilitados y puso sus pies sobre uno de los pufs que cubrían parte del suelo. Colocó sus manos sobre la nuca y sonrió. A unos metros de donde se encontraba vio una enorme nevera transparente en la que se podían ver yogures, zumos ecológicos y fruta.

El único despacho seguía siendo el de Ignacio, que ya no disponía de puerta, y la pared que daba a la Sala de Aprendizaje estaba hecha de cristal. Manuela sonrió, pues se dio cuenta de que desde abajo todo el mundo podía ver al jefe. Por más que le fastidiara admitirlo, aquel lugar se había convertido en una oficina impecablemente diseñada para fomentar y preservar el buen ambiente en el trabajo. Debido a aquellas nuevas condiciones laborales, ya no podía haber lugar para las quejas ni el victimismo. A partir de entonces, la responsabilidad recaía en los empleados, cuyo bienestar y productividad tan solo dependían de su capacidad de relacionarse eficientemente consigo mismos y con los demás.

***

Uno a uno fueron llegando todos los empleados, que al igual que Manuela Marigorta tardaron unos minutos en cerciorarse de que no estaban soñando. Después de unos meses de profundos cambios internos, motivados por el curso de autoconocimiento, finalmente había llegado la hora de ser recompensados con una importante transformación externa: su lugar de trabajo. Lo cierto es que más de uno bromeó muy seriamente con elegir la oficina, en detrimento de su propia casa, para desempeñar su función y sus tareas profesionales. Sea como fuere, seguían teniendo la libertad para escoger la opción que más les conviniera.

Mientras se producía la típica rueda de saludos y abrazos posveraniegos, el presidente constató cómo a lo largo de los últimos meses los miembros de los diferentes departamentos estaban cada vez más unidos e integrados. Los consultores con los de marketing. Los de marketing con los informáticos. Los informáticos con los financieros. Y estos con los consultores. «¡Madre mía, la que estamos liando en esta empresa! —se dijo—. ¡Si algún día me da por contarlo, nadie va a creerme!»

Una vez los colaboradores se hubieron sentado, Jordi Amorós pidió un momento de silencio.

—Apreciados compañeros, ¡bienvenidos a la nueva consultora SAT! —dijo al cabo—. Como veis, llevamos un año intentando promover las mejores condiciones laborales posibles para que podáis dar lo mejor de vosotros mismos en el trabajo. Nuestro nuevo compromiso es que la tecnología y los sistemas que abandera esta empresa se pongan en primer lugar al servicio de las personas. Y os lo digo porque recientemente me he dado cuenta de una santísima obviedad: que la dimensión personal es mucho más importante que la profesional. Y que cuidando la primera, se potencia la segunda... —Justo en ese momento entró Pablo Príncipe en la Sala de Aprendizaje. Para no interrumpir el discurso de Jordi, se quedó observando la escena desde la distancia—. Tan solo quiero agradeceros a todos vuestro apoyo, vuestro entusiasmo y vuestra paciencia —continuó el presidente—. Como sabéis, he necesitado casi sesenta años para iniciar un proyecto personal y empresarial verdaderamente humano y con sentido. Pero ahora que he despertado, aprovecho para deciros que espero que juntos iniciemos una nueva etapa llena de retos, desafíos y alegrías, ¡que para eso estamos aquí! Y para festejar que hoy es el primer día del resto de nuestra vida como individuos y como empresa, me gustaría leeros una carta muy especial... Está escrita por Ignacio y está dirigida a todos nosotros. Me ha pedido expresamente que la comparta hoy con todos vosotros, pues esta tarde vuelve a la oficina.

Su anuncio fue recibido con cierta inquietud. Mientras los colaboradores comentaban entre susurros la noticia, el presidente echó un rápido vistazo por toda la Sala de Aprendizaje hasta que sus ojos dieron con los de Pablo. Tras hacerle un gesto de bienvenida y ante la atenta mirada del resto de profesionales que lo rodeaban, Jordi Amorós abrió un sobre y extrajo un par de folios escritos a mano.

Estimados amigos y compañeros, sé que esta carta es lo último que esperabais recibir de mí. Quiero dejar claro que esto no es una postal de vacaciones. Es una confesión. En las líneas que siguen no encontraréis ni rastro de broncas ni insultos ni otras muestras de falta de respeto por el estilo. Así que podéis escuchar tranquilos. Lo primero que quiero comunicaros es que lo siento mucho. Os pido perdón a cada uno de vosotros por la forma en que me he comportado desde que soy vuestro director de operaciones, sobre todo en el último año. Con esta carta no pretendo justificarme ni daros excusas. Tan solo reconocer y asumir mis errores para empezar a responsabilizarme de mis actos.

Aunque os cueste de creer, soy yo: Ignacio. El jefe autoritario e iracundo que os ha hecho la vida imposible en la oficina. Solo que en estos dos últimos meses algo en mí ha cambiado. E intuyo que para siempre. Todavía no me creo que esté escribiendo esta carta... Pero la verdad es que no puedo evitarlo. Este viaje me ha marcado muchísimo, más de lo que podía imaginar. Por fortuna para vosotros, para mi mujer y también para mí, no soy la misma persona que montó el penoso numerito la última vez que nos vimos. Ahora soy un poco más consciente. Sé que no la merezco, pero espero que me deis otra oportunidad.

La experiencia de viajar solo por un país tan diferente para mí como Madagascar me ha dado una auténtica lección de humildad. Los primeros días fueron especialmente duros. La capital, Antananarivo, es un caótico laberinto lleno de polvo, pobreza y polución. Hay tanta contaminación que apenas se puede respirar. Y como no tengo ni idea de malgache ni de francés, no me quedó más remedio que soportarme a mí mismo veinticuatro horas al día. Al estar tanto tiempo a solas y en silencio, sentí por primera vez que la rabia y la ira que sentía no eran más que dolor.

Además, aquí es invierno y a las cinco de la tarde ya es de noche. Nada más sentarme en la habitación del hotel me puse a llorar. Aunque me cueste reconocerlo, me hundí. De pronto me acordé de cómo Jordi y mi mujer me convencieron de que este viaje podría ser beneficioso para mí. El orgullo hizo que me costara varias semanas aceptarlo. Pues bien, sí lo ha sido. Creo que me ha servido para darme cuenta de que me estaba engañando a mí mismo y que estaba pagando mi malestar con los demás.

No os podéis imaginar lo que me ha costado lidiar con todo el dolor y el sufrimiento que llevaba cargando a mis espaldas. Todavía no sé cómo he podido mantenerme en pie y acudir cada día a la oficina con tanta ponzoña en mi corazón. Por más que no quisiera verlo al principio, ese era precisamente el objetivo de este viaje. Lo cierto es que este último año no he sido capaz de asumir mi incapacidad para tener hijos. Sí, lo reconozco: adoro a los niños. No sé por qué, pero hasta ahora estar junto a ellos era de las pocas cosas en esta vida que me cargaban las pilas. Mi gran proyecto es crear una familia. Mi mayor sueño es ser padre. Tal vez por esta razón, en vez de aceptar que soy estéril, he canalizado mi agresividad con mi mujer y con todos vosotros. No tengo palabras para expresar mi vergüenza. Sé que el arrepentimiento no sirve de nada, pues el daño ya está hecho. Ahora mismo solo espero que podáis perdonarme. Yo todavía estoy tratando de perdonarme a mí mismo.

Para resumiros mi viaje, puedo contaros que en total he recorrido a pie setecientos cincuenta y nueve kilómetros en cincuenta y cinco días, atravesando toda la costa este, desde Fort Dauphin hasta Antananarivo. ¡Ni yo mismo sabía que era capaz de realizar semejante barbaridad! Por el camino he perdido catorce kilos y he dejado crecer mi barba como si fuera un vagabundo. A los pocos días de comenzar la marcha me di cuenta de que estaba llevando a cabo mi propia penitencia. Incluso llegué a andar descalzo durante un par de etapas del camino. Después de destrozar mis pies, me fue imposible cumplir mi propósito inicial de llegar andando hasta el aeropuerto... Lo cierto es que concluí esta odisea arrastrándome hasta una pequeña clínica rural para tratarme una dolorosa herida en mi pie izquierdo, que llevaba varios días infectada.

Aunque reconozco haber maltratado a mi cuerpo, mentalmente me siento más sano y más fuerte que nunca. Estando solo tanto tiempo, me he acabado dando cuenta de que todo se reduce al modo en el que te relacionas con tu propia mente. Por eso viajar solo ha sido para mí tan terapéutico. Porque no me ha quedado más remedio que enfrentarme a lo que más temía: a mi agresividad, a mi soledad, a mi vacío... Es decir, al ego, ese pequeño gran «yo» tan egocéntrico que lleva tantos años desgarrándome por dentro. Como ves, Pablo, he estudiado a fondo el libro que encontré en mi mochila. Me lo he leído nueve veces. Al principio lo ridiculicé. Pero finalmente comprendí el mensaje que ocultaban sus páginas... Muchísimas gracias por tu paciencia y generosidad. ¡Ha sido un gran regalo!

Os mentiría si no reconociese que he estado muy cerca de abandonar mi travesía en varias ocasiones. En el primer tramo del viaje me sentí incapaz de soportar mi forma tan destructiva de pensar. Mi mente parecía un vertedero. Muchas veces iniciaba la marcha completamente agotado, desmotivado y de mal humor. No podía dejar de sentirme triste, angustiado e irritado conmigo mismo. Era un auténtico infierno. Sentí que me moría allí mismo. Además, me dolían los pies, los gemelos, las rodillas, la cadera, la espalda, los hombros, el cuello... ¡Estaba destrozando mi cuerpo! De pronto aparecieron en mi cabeza cien mil excusas para justificar mi derrota. Pero me obligué a seguir. Costara lo que costara. Porque, a pesar del dolor, intuía que esta experiencia era justo lo que necesitaba.

Tuve que tocar fondo para comprender que no me quedaba más remedio que cambiar, pues el único «problema» de mi vida era yo. Llevaba cuarenta días solo, recorriendo unos quince kilómetros al día y sin nadie en quien apoyarme. Durante dos semanas no dejó de llover ni un solo día, encharcándolo todo. Pero fue justo entonces cuando algo empezó a cambiar en mi interior, transformando por completo mi forma de ver la realidad. Por primera vez en mucho tiempo experimenté paz. No sé muy bien cómo explicarlo, pero sucedió de una manera asombrosa, totalmente inesperada. Fue como un clic en mi cabeza. Caminando bajo una tormenta eléctrica, a once kilómetros del poblado más cercano y rodeado de naturaleza, de pronto me puse a llorar de felicidad. Nunca había sido testigo de tanta belleza como cuando contemplé una puesta de sol rosada y lila en medio de un bosque de baobabs. ¡Por primera vez en toda mi vida di gracias por estar vivo!

Más allá de esta experiencia inolvidable, otra de las cosas que verdaderamente me hizo cambiar fue el contacto con los aldeanos del sudeste de Madagascar, la zona menos colonizada por la influencia occidental. Desde nuestro punto de vista, ahí «no hay nada que hacer» y, por lo tanto, «ningún motivo por el que ir». Cada día dormía en un pueblo diferente, en el hogar de alguna familia que se prestara a acogerme. ¿Podéis imaginarme durmiendo en el suelo de una choza sin electricidad ni agua corriente? Yo al menos no hubiera sido capaz. Espero que vosotros conservéis ese gran tesoro que es la imaginación... En fin, compañeros, lo cierto es que al entrar en un profundo contacto con los aldeanos, no tuve más alternativa que relacionarme con ellos, aunque no con palabras precisamente. Así fue como día tras día dejé de prestar atención a mi malestar y empecé a interesarme por su manera de entender la vida.

De los diecinueve millones de personas que habitan esta isla, el ochenta y cinco por ciento viven integrados en la naturaleza, en cabañas hechas con cañas de bambú, ramas de palmeras y hojas de otros árboles que abundan en la zona. Para su subsistencia, los malgaches se alimentan a base de arroz, plátanos, naranjas (que aquí saben a limón) y, si tienen suerte, patatas, mandiocas, tomates, zanahorias, cebollas y pescado. Aunque aquí nadie se muere de hambre, su desequilibrio nutricional se refleja en la falta de dientes y en su escasa masa muscular. En algunas aldeas también existen pequeños comerciantes, que disponen de minúsculas tiendas donde venden alimentos prefabricados —normalmente caducados—, como galletas de mantequilla, caramelos, patatas chips, leche condensada, cigarrillos, así como aceite, sal, azúcar, cerveza caliente y, afortunadamente para mí, agua embotellada. Apenas existen hospitales —solo en los grandes centros urbanos— y casi no disponen de medicamentos.

En cuanto a la actividad laboral, los hombres se dedican a trabajar el campo y las mujeres a las labores del hogar y al cuidado de los niños, que representan más del sesenta por ciento de la población. Los muy granujas se te acercan, te cogen de la mano y se ponen a jugar contigo... ¡No sabéis cuánto he disfrutado de su compañía! ¡Hacía años que no me reía tanto! De hecho, en Madagascar me di cuenta de que en los últimos años de mi vida había dejado de reír e incluso de sonreír. Estos niños me lo han dado todo. Me han devuelto la vida. No sabéis la de juegos que me han enseñado ni la de horas que me he pasado haciéndoles reír. ¡Para mí han sido una auténtica bendición! A su lado recordé que, biológicamente hablando, yo no podía ser padre. Sin embargo, muchos de ellos eran huérfanos, y no por ello renunciaban a seguir sonriendo a la vida. ¡Qué lección más grande y qué maestros tan inesperados!

Como os decía, desde el punto de vista occidental son «muy pobres». Sin embargo, debido a esta «pobreza» material no les ha quedado más opción que desarrollar una «riqueza» espiritual basada en valores apenas existente en los países «desarrollados». Qué os voy a contar al respecto. Yo soy un buen ejemplo de la decadencia de la sociedad occidental. Pero aquí he empezado a desaprender; me estoy desprogramando. Me siento liberado. Tengo muchas ganas de rehacerme como ser humano para reconstruir mi vida. Quiero aprender de mis errores y parecerme un poco más a los malgaches... Y lo digo totalmente convencido. En general son personas muy introvertidas y tranquilas, cuyo lema parece ser «vive y deja vivir». Estando aquí, y tras haber conocido a todas estas maravillosas personas, he recordado lo grandioso y simple que es sentir que puedes contar contigo mismo, que pase lo que pase vas a estar ahí.

Como os podéis imaginar, este viaje ha supuesto un gran golpe para mi ignorancia. Y ahora mismo, mientras escribo estas líneas, no puedo evitar emocionarme. Siento muchísimo todo lo que os he hecho pasar. Siento muchísimo todo lo que os he llegado a decir y hacer. Y siento muchísimo que hayáis tenido que convivir conmigo en la oficina. Como me dijo el otro día mi mujer, a quien le debo mi vida, el verdadero viaje comienza a la vuelta. Espero poder compensaros a todos de una forma u otra. Por favor, os ruego que me perdonéis. El hombre que vais a ver hoy no es el mismo que el que se fue. He cambiado. Y si me dejáis, me encantaría que pudiéramos empezar de nuevo. Somos un equipo. Y como jefe vuestro que he sido, ahora sé que tengo mucho que aprender de todos vosotros. Quiero aprender a serviros. Un fuerte abrazo, Ignacio.

El presidente terminó de leer la carta con un brillo especial en los ojos. No fue el único al que las palabras de Ignacio le habían abierto el corazón. Alicia Oromí abrazó a Manuela Marigorta, que dejó escapar una lágrima. Y Verónica Serra aprovechó para hacer lo propio con Pablo Príncipe. Los demás empleados se quedaron en silencio, sorprendidos por las palabras que acababan de escuchar.

***

Aquel mediodía, Jordi Amorós invitó a comer a Pablo Príncipe.

—Pide lo que quieras, Pablo —insistió el presidente—. ¡Hoy estamos de celebración y no pienso reparar en gastos!

—Gracias, Jordi. Tomaré una ensalada de tomate.

El presidente frunció el ceño, pero enseguida recuperó la sonrisa.

—¡¿Ensalada?! ¡Caramba! ¡Hace años que no tomo una ensalada! ¡Muy buena opción, sí señor! Por favor, ¡dos ensaladas de tomate y dos solomillos muy poco hechos! ¡Ah! ¡Y una botella del mejor vino tinto que tengan en su bodega!

No es que fuera abstemio ni vegetariano, pero Pablo no bebía alcohol ni comía carne. «Un día es un día», pensó.

Durante la comida estuvieron conversando sobre lo rápido que había transcurrido el último año y sacaron varias conclusiones al respecto. Y tras un par de copas de vino, el presidente le acabó haciendo una confesión:

—Es cierto que he triunfado profesionalmente, que he disfrutado de la erótica del poder y que he ganado más dinero del que puedo gastar... Pero ¿quieres que te diga una cosa? —Pablo asintió con la cabeza—. El afán de reconocimiento, de poder y de dinero es una prisión para nuestra alma. ¡Qué fácil es corromper el corazón de un hombre ignorante y codicioso! ¡Te lo digo por experiencia!

Al ver que Pablo Príncipe permanecía en silencio, el

presidente aprovechó para desahogarse. Tenía que poner en orden ciertos asuntos del pasado...

—Si te soy sincero —continuó—, yo no decidí convertirme en empresario. Tan solo hice lo que otros me dijeron que hiciera. Ahora me doy cuenta de que cuando no sabes quién eres ni qué quieres, eres esclavo de tu propia baja autoestima e inseguridad. Esta falta de confianza te lleva a pensar y hacer lo que piensan y hacen todos los demás. ¡Y pobre de ti como te separes del rebaño! ¡No te lo perdonan! De ahí que en la sociedad occidental actual ser uno mismo sea un acto revolucionario.

Jordi bebió un nuevo sorbo de vino y siguió hablando:

—Últimamente he estado reflexionando... ¡Hay que ver cómo funciona este mundo! Desde pequeños nos llenan la cabeza de mentiras acerca de cómo hemos de vivir la vida. Nos meten miedo, diciéndonos que hemos de estudiar ciertas carreras universitarias para «no pasar hambre». Nos condicionan para triunfar a toda costa, para alcanzar estatus, prestigio y respetabilidad, para tener una casa grande, dos coches, una pareja atractiva y sobre todo dinero, mucho dinero... Parece que el éxito consista en cumplir con una serie de estereotipos impuestos por la sociedad. Te dicen que cuando hayas subido todos esos escalones entrarás en el «templo de la felicidad». Pero es una gran mentira. Yo he vivido en ese lugar y está vacío. ¡Ahí no hay nada! ¡Ni rastro de felicidad!

El presidente se acarició la calva distraídamente y tomó otro sorbo de su copa.

—A través de mi experiencia —apuntó— me he dado cuenta de que para conseguir el éxito, el reconocimiento, el poder y el dinero necesitas, en la mayoría de los casos, ser egoísta y ambicioso. Y esto termina por destruir la humanidad que hay en ti... Te desconecta de tu esencia, y al alejarte de ti mismo te olvidas de los valores y de los proyectos que verdaderamente valen la pena... Lo más curioso es que nos han programado para ser infelices y la mayoría de personas lo son. Pero muy pocas tienen la humildad y el coraje de reconocerlo. ¡A mí me ha costado cincuenta y siete años!

—Más vale tarde que nunca —sonrió Pablo Príncipe.

—¡Y que lo digas! La vida es ahora. Esto no es un ensayo. ¡Hay que ver en qué nos convertimos cuando somos víctimas del miedo y del autoengaño! Me refiero a no querer reconocer ni verbalizar el vacío y el malestar que sentimos en nuestro interior. Por más que intentemos autoconvencernos y fingir ante los demás, el placer no tiene nada que ver con la felicidad. Sin ir más lejos, el concepto de «diversión» contemporánea es en realidad una huida, una evasión, una narcotización que nos permite olvidarnos de nosotros mismos y del sinsentido que tiene nuestra existencia.

Ante la atenta mirada de Pablo, Jordi Amorós hizo una pausa.

—Lo sé, lo sé. —Se rio el presidente—. He llevado una venda en los ojos toda mi santa vida. Y lo gracioso es que yo mismo me la puse y yo mismo me he negado a quitármela hasta ahora. ¡He tenido que morir para empezar a abrir los ojos! Si te digo todo esto es porque te estoy muy agradecido, querido Pablo. A tu lado he comprendido, y esta es mi gran verdad, que es mejor una vida emocionalmente estable que la búsqueda obsesiva de riqueza material. Al menos para mí, el verdadero éxito es hacer felices a los demás. Por primera vez en toda mi puñetera vida siento que estoy siendo coherente conmigo mismo, con los dictados de mi intuición... ¡Ahora comprendo lo que implica vivir conscientemente! Cuando despiertas del sueño del ego te das cuenta de que no hay mayor fracaso que fijar objetivos equivocados y conseguirlos. Por eso hay tantas personas de éxito que son profundamente infelices: porque han hecho lo que el sistema les ha dicho que hagan y no lo que les dicta su corazón. —Y tras terminar su copa de vino, concluyó—: Una cosa sé con certeza: si no aprendes a ser feliz por ti mismo seguro que terminas sintiéndote un fracasado.

**

Bernardo Marín estaba limpiando los cristales de la portería cuando vio entrar a Ignacio Iranzo, que llevaba un maletín bajo el brazo. Nervioso, el conserje se hizo el despistado.

—Buenos días, Bernardo.

El conserje se dio la vuelta y se quedó en silencio. Estaba tratando de comprender de qué manera Ignacio podía haber adelgazado tanto en tan poco tiempo.

—¿Cómo ha pasado el verano? —le preguntó Bernardo, ofreciéndole la mano.

Ignacio se la estrechó emocionado y le dedicó una gran sonrisa. Seguidamente, le respondió:

—Sanando heridas, querido Bernardo, sanando heridas...

Mientras el conserje seguía con la cara desencajada por lo que acababa de escuchar, Ignacio Iranzo entró en la recepción de la consultora SAT, donde esperaba encontrarse con Verónica Serra. Sin embargo, allí no había nadie. Extrañado, caminó en dirección a la Sala de Aprendizaje y nada más poner un pie dentro...

—¡Sorpresa! —gritaron al unísono todos los empleados de la consultora.

Con los ojos húmedos, Ignacio fue saludando afectuosamente y pidiendo perdón a cada uno de sus colaboradores. Especialmente cálido fue el abrazo que le dio a Manuela Marigorta y Alicia Oromí, quien había traído al pequeño Lucas a la oficina. Nada más verlo, Ignacio se deshizo por dentro.

—¡Aprovecho para anunciaros que voy a ser padre! —gritó eufórico.

Al ver cómo la mayoría le miraba con desconcierto, añadió:

—¡Mi mujer y yo hemos decidido adoptar a una niña malgache!

Y todo el mundo le felicitó alegremente.

Seguidamente, Ignacio extrajo de su maletín el decálogo enmarcado con una lámina de cristal y otra de madera. Y ante la mirada de todos los presentes, volvió a colgarlo en su sitio. De pronto, en medio de todo aquel barullo, Jordi Amorós y Pablo Príncipe entraron en la Sala de Aprendizaje. Al verlos, Ignacio se abalanzó sobre ellos. Y sin mediar palabra, abrazó con todas sus fuerzas al presidente.

—Gracias de corazón, Jordi.

—¡De nada, filósofo, que estás hecho un filósofo! —bromeó el presidente, devolviéndole la carta que había escrito desde Madagascar.

En el instante en que cruzó su mirada con Pablo, Ignacio no pudo contener la emoción y rompió a llorar desconsolado. Cabizbajo, le ofreció la mano en son de paz...

—Lo siento mucho, Pablo. Lo siento muchísimo... ¿Me perdonas?

De pronto se hizo el silencio. Todos los ojos de la Sala de Aprendizaje estaban puestos sobre Pablo, que se fundió en un abrazo con Ignacio. Y susurrándole al oído, de manera que nadie pudiera oír sus palabras, le dijo:

—No hay nada que perdonar, Ignacio. Bienvenido a casa.

Al día siguiente, Ignacio Iranzo fue nombrado director

general de la consultora SAT. Y cuatro años más tarde fue reconocido como mejor directivo español del año. Eso sí, desde que regresó de Madagascar, su mujer y su hija malgache —a quien llamaron Lucía— fueron las dos prioridades de su vida. Si bien Ignacio no era un hombre religioso, llevaba en un colgante inscrito uno de los proverbios más pronunciados por el pueblo malgache: *Izay rehetra ataonareo dia ataovy amin'ny fitiava*, que significa: «Lo que hagas, hazlo siempre con amor». Y aunque no se lo llegó a enseñar a ningún compañero de la consultora, se había prometido a sí mismo ponerlo en práctica cada día de su vida.

Epílogo: Si de verdad quieres cambiar el mundo, empieza por ti

Lo mejor que podemos hacer por la humanidad es aprender a estar en paz con nosotros mismos. Aunque reconozco que he necesitado casi toda una vida para comprender qué carajo significa, hoy no puedo estar más de acuerdo con esta afirmación. Como la mayoría de mortales, yo también me reía de los libros de autoayuda y de los cursos de crecimiento personal. Incluso llegué a demonizar con agresividad a quienes intentaban compartir conmigo sus experiencias místicas, relacionadas con nuestra dimensión espiritual. Entonces no sabía por qué, ¡pero aquella gente me sacaba de mis casillas!

¡Madre mía! ¡Cómo he cambiado desde entonces! A mis sesenta y cinco años, de lo único que me río es de mí mismo, de lo ignorante e inconsciente que he llegado a ser. Ya sabéis el dicho: «No hay peor ciego que el que no quiere ver». Incluso ahora que lo escribo, todavía me provoca escalofríos. ¿Cómo he podido engañarme tantos años a mí mismo? ¿Cómo he podido burlarme e insultar a quienes intentaban mostrarme el camino? ¿Cómo he podido ser tan arrogante? ¿Cómo he podido vivir desconectado tanto tiempo de lo único que me mantiene vivo? Para ser sincero, no tengo ni la más remota idea.

Lo que sí he descubierto es que nada sucede por casualidad. Como escribió el gran líder Mahatma Gandhi: «Cuida tus pensamientos porque se volverán palabras. Cuida tus palabras porque se transformarán en acciones. Cuida tus acciones porque se convertirán en hábitos. Cuida tus hábitos porque forjarán tu carácter. Cuida tu carácter porque determinará tu destino. Y tu destino será tu vida». Muy sabio este hombre, sí señor. No se me ocurre ninguna forma mejor de expresar la enorme responsabilidad que tenemos cada uno de nosotros a la hora de gestionar nuestra propia vida. Al mirar hacia atrás y analizar mi historia personal, me doy cuenta de que en general no me ha ocurrido lo que yo quería o deseaba, sino lo que necesitaba para aprender a ser feliz.

¡Qué maravillosa es la vida cuando tomas consciencia! ¡Qué asombrosa experiencia es estar vivo! ¡Y qué sentido tiene todo cuando vives conectado a tu corazón! No es que sea una persona sentimental, pero no puedo ni quiero olvidarme de lo que de verdad importa. Por eso me gusta recordármelo de vez en cuando. Sobre todo porque mis primeros cincuenta y siete años transcurrieron casi sin darme cuenta. Afortunadamente, la vida es tan sabia y generosa que me hizo coquetear con la muerte. Lo digo muy en serio: aquel triple *bypass* fue una auténtica bendición. Me hizo abrir los ojos. Y así fue como empecé a vivir despierto. Si no hubiera sido por mi muerte clínica, nada de esto hubiera sucedido. ¡Y qué curioso! Solo unas semanas más tarde conocí a Pablo Príncipe. Menuda huella que dejó en todos nosotros durante los dos años y medio que estuvo en nuestra compañía.

Todavía recuerdo la primera vez que hablé con Pablo. Su humildad e integridad pusieron en evidencia mis miedos y carencias. La revolución que introdujo en nuestra empresa supuso una transformación para todos nosotros, incluyendo a mi querido Ignacio Iranzo, hoy por hoy un grandísimo director general. Desde entonces, cambiamos radicalmente nuestra escala de valores y yo personalmente redefiní mi concepto de «éxito». A su lado aprendí a poner lo esencial en el corazón de la estrategia, definiendo una nueva misión empresarial: promover el crecimiento personal de los profesionales, desarrollando y cambiando a su vez nuestra cultura organizacional y la de nuestras empresas clientes.

Ya no me cabe la menor duda: cuando confías en lo que no eres capaz de ver empiezas a sentirlo en tu corazón. Y cuando te comprometes con eso que sientes, tarde o temprano terminas por hacerlo realidad. Ahora mismo, confío plenamente en que el ser humano —así como el medio ambiente del que forma parte— constituirá el centro de la nueva filosofía económica que surgirá como consecuencia de la crisis sistémica que estamos viviendo en estos momentos. No soy un visionario, ni mucho menos un adivino. Pero estoy convencido de que las únicas organizaciones que van a sobrevivir son aquellas que beneficien directamente a la humanidad. Todas las demás caerán por su propio peso.

La clave de nuestro futuro como sociedad es que en el presente cada uno de nosotros nos comprometamos con nuestra responsabilidad personal. Ya no sirve de nada hacerse la víctima. Lo único que nos impide ser protagonistas de nuestra propia vida es el miedo. Y mientras no seamos dueños de nosotros mismos, estaremos condenados a ser esclavos de nuestras circunstancias. En cambio, cuanto más crezcamos y nos desarrollemos interiormente, más crecerán y se desarrollarán proyectos empresariales verdaderamente eficientes, sostenibles y alineados con la evolución consciente de la humanidad. Comprendo que no es nada fácil ser valiente. Pero para eso estamos aquí, ¿no? Para superar los miedos que nos limitan y convertirnos en las personas que podemos llegar a ser. Todo se reduce a una simple decisión individual. Y lo queramos o no ver, la tomamos cada día.

Lo que nosotros hemos sido y seguimos siendo, otros lo serán. Y lo que nosotros hemos hecho y seguimos haciendo, otros lo harán. En pleno 2010 y a pesar de la crisis, nuestra consultora sigue creciendo y expandiéndose. El secreto de nuestro éxito es que estamos comprometidos con servir a los demás, creando y generando riqueza real para la sociedad. Y tiene gracia: ahora que me invitan a dar conferencias y mi foto sale de vez en cuando en los periódicos, me doy cuenta de que para mí el éxito, el verdadero éxito, es algo tan simple como ser feliz y auténtico. Porque gracias a esta plenitud puedo ser el marido cariñoso que se merece mi mujer y el padre atento que se merecen mis tres hijos. ¿Qué más puede desear un ser humano cuando es feliz? Nada. Absolutamente nada. De ahí que el deseo tan solo aparezca cuando nos sentimos vacíos e insatisfechos. ¡Qué peligroso es el deseo! Si no vamos con ojo puede llevarnos a la cima del mundo, pero a cambio de corromper nuestra alma.

En fin, ya os podéis imaginar el lío que se monta cuando a un abuelo como yo le dan un micrófono para compartir sus reflexiones en prestigiosas escuelas de negocios y respetables círculos de empresarios. ¡Menuda cara me ponen! ¡Es como si hablar de la felicidad estuviera prohibido y ser feliz fuera pecado! Pero no los juzgo. ¿Cómo voy a hacerlo si les comprendo perfectamente? Es exactamente la misma cara que yo hubiera puesto solo unos años atrás. Ya les llegará su momento. El cambio y la evolución de la consciencia de la humanidad son tan necesarios como inevitables. Es cuestión de tiempo que la gente experimente un clic en sus cabezas.

Lo cierto es que he vuelto a conectar con el niño juguetón y soñador que llevo en mi interior. Reconozco que mis palabras todavía generan mucho escepticismo y resistencia. Y eso que el mensaje central de todas mis charlas es que el cambio de mentalidad individual es lo que transforma a las empresas y, por ende, al sistema. Por eso animo a quienes tienen el coraje de escucharme a que se comprometan con su propio autoconocimiento. Lo curioso es que, cuando llega la ronda de preguntas, los adultos solo se interesan por lo que pienso acerca de la crisis. En cambio, los más jóvenes por lo menos me interrogan acerca de Pablo Príncipe. Me consta que su ejemplo les inspira. Justo antes de concluir mi ponencia, siempre les termino diciendo lo mismo: «No tengo ni idea de dónde está ni de lo que hace. Lo que sí sé es que si algún día entra en vuestra empresa alguien que se hace llamar responsable de personas y valores de la organización, preparaos para vivir una auténtica revolución. Y si aparece en vuestras vidas, sed amables. Escribidme enseguida, decidme que el Principito ha vuelto...».

El Presidente
29 de enero de 2010

Súmate a la revolución

Si después de leerte este libro quieres sumarte a la revolución de la consciencia, te animo de corazón a que investigues los siguientes proyectos que vengo impulsando y liderando desde 2009, los cuales están totalmente inspirados en las enseñanzas de *El Principito se pone la corbata*:

KUESTIONA. Se trata de una comunidad educativa para buscadores e inconformistas. Su finalidad es democratizar la sabiduría para inspirar un cambio de paradigma a través de programas presenciales y online orientados a empoderar a nuestros alumnos, de manera que sepan crecer en comprensión y sabiduría en las diferentes áreas y dimensiones de su vida. Más información en www.kuestiona.com

LA AKADEMIA. Se trata de un movimiento ciudadano consciente que promueve la educación emocional y emprendedora gratuita para jóvenes de entre 18 y 23 años. Su misión es acompañar a estos chavales para que aprovechen la crisis de la adolescencia para descubrir quiénes son y cuál es el auténtico propósito de sus vidas, de manera que puedan reinventarse y prosperar en la nueva era. Más información en www.laakademia.org

TERRA. Se trata de una escuela consciente regida desde un nuevo paradigma educativo, cuya finalidad es ofrecer una verdadera educación a los alumnos de entre 2 y 18 años. En vez de prepararlos para superar la prueba de la selectividad, los prepara para disfrutar plenamente de la vida. Más información en www.terraec.es

Si te apetece seguir conociéndote a ti mismo para erradicar de raíz la causa de tu sufrimiento, te animo a que le eches un vistazo a mi curso online *Encantado de conocerme. Introducción al autoconocimiento a través del Eneagrama*. Esta herramienta describe a grandes rasgos los nueve tipos de personalidad que existen en la condición humana. Es como un espejo en el que podrás ver reflejado tu lado oscuro (el ego) y tu parte luminosa (el ser). En este sentido y a modo de agradecimiento por la confianza que has depositado en mí al adquirir este libro, te hago un descuento del 50%. Para beneficiarte, solamente tienes que ir a mi web www.borjavilaseca.com, seguir los pasos de compra e introducir el cupón de descuento: PABLITO. Si quieres, hoy mismo puedes empezarlo desde el salón de tu casa.

Por otro lado, si sientes que ha llegado tu momento y que estás preparado para reinventarte profesionalmente, te invito a que le eches un vistazo a mi curso online *Qué harías si no tuvieras miedo. Claves para reinventarte profesionalmente y prosperar en la nueva era*, el cual te servirá para convertir tu pasión en tu profesión. En este sentido también te hago un descuento del 50%. Del mismo modo, para beneficiarte solamente tienes que ir a mi web www.borjavilaseca.com, seguir los pasos de compra e introducir el cupón de descuento: PABLITO. ¡Buen viaje!

Por último y a modo de anécdota, solamente compartir contigo que los nombres de los capítulos de *El Principito se pone la corbata* corresponden a títulos de reportajes y entrevistas que publiqué en el suplemento económico «Negocios» de *El País* entre 2006 y 2010.